생각을 걷다

인문학자
김경집이
건네는

18가지
삶의 문답

생각을 걷다

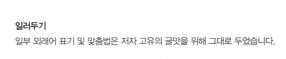

일러두기
일부 외래어 표기 및 맞춤법은 저자 고유의 글맛을 위해 그대로 두었습니다.

사랑하는 작은누나
김영희 젬마 루시 수녀와
가파른 절벽 끝에서 들었던
그 외침에 바칩니다.

히말라야는

하나의 거대한
책이었다

러시아워에 지하철을 탔다. 내 몸 하나 건사하기 어렵다. 숨은 턱턱 막히고 팔과 다리가 서로 반대 방향으로 틀어졌다. 내 몸이되 내 몸 같지 않다. 그러다 광고판 하나가 눈에 들어왔다. 히말라야 설산이 배경인 광고물이었다. 갑자기 머릿속까지 시원해졌다. 숨통이 트였다.

파란 하늘 아래 만년설의 장관을 마다할 사람 있을까. 그것은 이미 그자체로 하나의 숭고함이다. 그 앞에서 인간은 작은 존재에 그칠 뿐이다. 겸손은 말과 글로 배우는 게 아니라 몸으로 느낄 때 실존한다. 히말라야는 그걸 아무 말 없이 몸으로 체득하게 한다. 누구나 가끔은 거기에 가는 꿈을 꾼다. 나도 그런 꿈을 꿨다. 그러나 늘 꿈에 그쳤다. 그래도 그런 꿈을 지니고 사는 것만으로도 가슴이 뻥 뚫리는 통쾌함을 느꼈다.

갑자기 히말라야로 떠나고 싶어졌다. 오랫동안 품었던 꿈이었다. 그리고 마침내 떠나기로 했다. 나의 히말라야 걷기는 오로지 한 자연인으로서의 나를 만나고 다듬고 세우는 과정의 하나였다. 그러면서도 인문학자로서 정체성과 의제에 관한 고민을 온전히 내려놓을 수만도 없었다.

내가 히말라야로 떠난 건 대단한 결심에서 출발한 것이 아니다. 그저 나 자신에게 그런 선물을 주어야겠다는 생각이었다. 지금까지 보름의 휴가를 누려본 적이 없다. 언감생심 마음먹은 적도 없다. 그러다 갑자기 히말라야에 가야겠다는 생각을 먼저 했고, 그러려면 아무리 짧아도 보름은 잡아야겠다고 결정했을 뿐이다. 그 뒤로는 반 년 가까이 그럴 틈을 짜내기 위해 이리저리 궁리했다. 경제적인 부분도 무시할 수 없었다. 여비를 마련하고자 몇 달 동안 차곡차곡 모았다. 필요한 것들도 마련하고 모자란 건 어느 정도 채웠다. 가장 힘든 것은 스케줄 조정이었다. 인천의 한 도서관에서 24강 예정으로 강연을 하고 있었는데, 그 일정을 다 채우면 도저히 연내에는 불가능할 것 같았다. 또 히말라야는 우기와 건기가 확연히 나뉘는 까닭에 갈 수 있는 적절한 시기에 제약이 있어서 일단 12강으로 마무리하고 나머지는 다음에 기회가 될 때 혹은 다른 건으로 대체할 수 있기를 기약했다. 다른 강연도 앞으로 조금 당기고 뒤로 조금 미뤄두었다. 불가능한 경우는 어쩔 수 없지만 포기해야 했다. 경제적 손실을 고려하기 시작하면 끝내 포기할 것 같아서 조금은 독하게 마음먹었다. 나 자신에게 가장 큰 선물을 하는데 그런 불리함은 감수해야 한다고 여겼다. 그게 다였다. 그렇게 떠날 수 있었다. 그냥 유목민처럼 가볍게. 그 마음만 먹으면 가능한 휴가일 수 있다는 걸 새삼 깨달았다. 물론 그 마음먹기가 마음처럼 그리 쉬운 건 아니지만.

인문 정신은 역동적이다. 물론 때론 아주 조용히 성찰하는 것이기도 하지만 지금 우리에게 요구되는 인문 정신은 역동적이어야 한다. 그래서 시대정신과 미래 의제가 결여된 인문 정신은 존립 자체가 불가하다. 그저 머릿속에서만 잠시 머무는 성찰과 지식이어서는 안 된다. 나는 이 히말라야 여행이 액티브한 것은 아니라고 생각한다. 물론 험한 길 오래 걸어야 하고 힘든 일 몸으로 겪어야 하는 과정이었으니 분명 역동적인 일이다. 그러나 그건 내 몸이 길을 따라 움직였다는 점에서 그랬을 뿐, 이 여행은 내게 매우 정적이고 고요한 것이었다. 아무 상념이나 잡념 없이 그저 아침에 일어나 묵상하면서 잡은 화두 하나 질끈 부여잡고 하루 종일 그것만 생각하고 자연에 묻고 자연의 대답을 얻었다. 그러면서 오로지 나 자신에 충실하게 나와의 대화에 몰입할 수 있었다. 그게 내가 얻은 값진 수확이다. 그건 이미 역동적이다. 하나의 문단에서 모순되는 대치로 보일지 모르겠지만 성찰이 역동적인 것이라는 점에서는 그렇다.

내게 가장 역동적인 일은 책을 읽는 일이다. 남들은 책 읽는 일이 아주 정적인 일이라 여길지 모르지만 내겐 그렇지 않다. 물론 몸을 크게 움직일 일 없고 의자에 앉아 고요히 페이지를 넘기는 일이니 일견 그렇게 여길 수 있다. 그러나 책을 읽는 동안 뇌세포는 총동원되어 긴장하고 끊임없이 묻고 캐고 따지는 일에 몰두한다. 몸의 근육을 움직이는 것만 동적인 게 아니다. 뇌의 근육과 가슴의 올들이 촘촘히 일어선다. 그러니 그것만큼 역동적인 일은 달리 찾기 어렵다.

무엇보다 독서가 역동적인 것은 몰입의 강도가 매우 강하다는 점에서도 찾을 수 있다. 내가 걸으면서 목적지를 잃거나 가야 할 길의 풍경을 놓치는 경우는 거의 없다. 그러나 책을 읽다 보면 내려야 할 정거장을 놓치는 경우가 가끔 있다. 지하철이나 버스에 사람들이 가득한데도 책을 읽는 동안 나는 오로지 혼자다. 혼자 온전히 자신에게만 충실할 수 있는 건 즐거운 일이다. 그러니 그 몰입으로 따져도 책 읽는 일은 역동적이다. 또 어떤 보고에 따르면 뇌의 운동이 엄청난 에너지를 소비한다고 하니 분명 그 일은 역동적이다. 그런 점에서 이번 히말라야 걷기는 하나의 책이었다. 아니, 히말라야가 한 권의 거대한 책이었다. 나는 그 책을 읽었다.

느슨해진 인문 정신을 다잡고 미래 의제에 대한 성찰을 곧추세우면서 하루에 하나씩 화두를 잡고 뚜벅뚜벅 걸었다. 그것은 하나의 독서였다. 안나푸르나를 한 바퀴 도는, 한 권의 책을 읽은 실존의 독서였다. 안나푸르나에서 보낸 보름은 내 삶에서 가장 농밀하고 치열했던 시간이었다. 극도로 단순하고 올라갈수록 힘에 겨운 여정이었지만 매 순간이 살아 꿈틀대는 경이의 시간이었다. 콩나물시루 같은 지하철에서 사진으로 잠깐 본 것만으로도 숨통이 트였던 히말라야를 직접 보고 걷고 느낀 것은 행운이었다. 거기에서 느꼈던 많은 것이 이미 희석된 것을 안다. 그래서 안타깝고 부끄럽다. 하지만 그래도 이렇게 버티고 한 걸음씩 나아갈 힘을 얻을 수 있었던 것은 고맙고 행복한 일이다.

이 책은 히말라야 기행문도 아니고 여행 안내서도 아니며 답사의 기록물도 아니다. 내가 나에게 제출하는 생각의 과제물이며 함께 이 시대를 살아가는 동료 시민들에게 드리는 나눔의 보고서다. 일상의 삶에서 꺾이거나 접히지 않고 의연하게 살아갈 우리의 인생에 대한 겸손하고 어눌한 고백서다.

얼마 전 급성심근경색으로 병원에 실려가 수술을 받으면서 가장 먼저 떠오른 건 히말라야였다. 과연 다시 그곳에 갈 수 있을까? 죽을 고비를 넘긴 뒤에도 눈에 삼삼한 히말라야는 내게 무엇이었을까. 어쩌면 그것은 가장 원초적인 형태로 그리고 가장 겸손한 존재 방식으로 자연 앞에서 나의 실존을 묻는 곳이기에, 여전히 내 마음 속에 우뚝 솟은 등대일 것이기에 그럴 것이다. 산이 아니라 자연 그 자체인 곳, 거기에서 뚜벅뚜벅 한 걸음씩 걸었던 수많은 점들이 이어진 게 나의 여정이었다.

햇수로 3년이 지났다. 글은 다녀오자 곧바로 썼지만 이런저런 사정과 형편으로 묵었다가 오혜영 편집장에 의해 살아났다. 늘어지고 산만했던 글들이 그의 손길을 거치면서 군더더기는 덜어내고 따끔한 비평을 통해 단단해졌다. 공력 큰 편집자를 만나는 건 행운이다. 긴 시간을 기다려주고 꼼꼼하게 읽고 비판하며 가닥을 잡아준 그이의 열정과 통찰에 새삼 고마움을 전하고 싶다.

시인 천상병은 삶을 아름다운 이 세상에서의 짧은 소풍이라고 노래했다. 나의 여정은 그 소풍 가운데 작은 산보라도 되었기를 꿈꿔본다. 삶의 마감 때까지 늘 그런 꿈을 품고 살고 싶다. '사월과 오월'의 〈등불〉을 부르면서.

2017년 여름의 끝자락에

김경집

차례

모든 시작에는 그 이전의 시간이 있다

여행의
전주곡은

본곡보다
농밀하다

"여행을 떠날 각오가 되어 있는 자만이 자기를 묶고 있는 속박에서 벗어날 수 있다."

헤르만 헤세의 말이다. 여행은 '벗어나는' 것이다. '벗어남'은 '묶임'의 맞선 말이다. 그러니 여행이 '벗어나는' 것이라면 어딘가에 '묶여 있는' 것을 전제한다. 이는 반드시 가정이나 직장에 묶이는 것만 의미하지 않는다. 생각에 묶이기도 하고 관계에 묶이기도 하며 산다. 묶이는 형태는 다양하다. 따라서 여행을 떠나기 전 내가 어디에 어떻게 묶여 있는지 되짚어보는 건 꼭 필요하다. 새로운 것을 발견하고 새로운 곳을 탐방하는 즐거움도 좋지만, 여행의 진짜 즐거움은 지금의 속박에서 벗어나는 것이다. 그 속박의 정체를 모르고 떠나는 건 새로운 속박으로의 변형일 뿐이다. 여행은 속박으로부터의 해방뿐 아니라 잠시나마 자유로움을 느끼며 자신을 돌아볼 기회를 선물로 주는 것이기도 하다. 그러므로 여행은 '내가 나에게 주는' 보상이다.

일단 여행을 떠나기로 마음먹은 뒤로는 일상의 일도 지루하거나 힘겹지 않다. 그건 바로 설렘 때문이다. 설렘! 살아가면서 설렘을 느끼는 게 얼마 만큼일까. 사랑을 느낄 때, 새로운 일을 시작할 때나 겨우 맛본다. 여행은 그런 설렘을 담뿍 허락한다. 그렇게 여행의 맛은 떠나기 전부터 지금 겪고 있는 속박에 대해서조차 너그러워지는 여유에서 시작된다.

피천득 선생의 수필집에서 읽은 글 가운데 특별히 기억에 남는 에피소드가 있다. 선생이 귀하고 비싼 음악회 표를 얻었는데 부득이 가지 못할 사정이 생겼단다. 그래서 아는 일본 여인에게 표를 선물했더니 그녀가 살짝 실망한 눈치더란다. 그 기색에 주는 사람이 서운했을 것이다. 그런데 그녀의 말을 듣고 그런 서운함이 싹 가시더란다. "선생님, 음악회에서 직접 음악을 듣는 것도 즐겁지만, 음악회 가기 전에 미리 그 곡을 들으면서 느끼는 즐거움 또한 결코 시들한 게 아니거든요." 그 설렘의 시간이 짧은, 받은 일정의 음악회 초대이니 그 설렘을 오래 누리지 못하는 아쉬움을 표현한 것이다. 그런 설렘을 느낄 수 있는 사람이라면 언제든 행복할 것이다. 그 말을 들었던 선생도 아마 어린아이처럼 순진무구한 웃음으로 답했을 것이다. 그 모습이 동화처럼 선명하게 그려진다.

설렘. 그게 바로 여행이 주는, 아니 여행에서 느끼는 것보다 더 달콤한 선물이다. 막상 여행지에 가면 고생도 해야 하고 뜻하지 않은 일로 힘들기도 하지만 떠나기 전 설렘은 무제한으로 누릴 수 있는 즐거움이다. 그래서 항상 여행은 그 전주곡이 달콤하다. 때로는 본곡보다 더 농밀하다. 어떤 변주곡이 생길지 모른다. 그러나 그건 낯섦에 대한 두려움이 아니라 그 낯섦을 즐기고자 하는 기꺼움이다. 그게 바로 '묶임'을 풀고 '벗어남'을 즐기는 핵심이다.

때로는 그런 여행조차 일상에서 쫓기고 허둥대느라 그 전주곡을 마음껏 누려보지 못하는 경우도 있다. 그만큼의 시간을 짜내기 위해 미리 해야 할 일들을 갈무리하고 다녀온 뒤 처리해야 할 일들을 준비해둬야 하는 상황이 그 달콤한 설렘마저 허락하지 않는다. 사실 우리가 휴가 기간에 떠나는 대부분의 짧은 여행은 거의 그런 모습일 것이다. 그렇다고 마냥 그걸 아쉬워하지 않는 것은 여행 자체가 이미 특별한 선물이기 때문이다. 허둥지둥 허겁지겁 대충 마무리하느라 바쁘지만 그마저도 즐겁다. 아무리 꼼꼼하게 준비해도 막상 현지에 도착하면 빠진 게 꼭 있다. 하지만 때론 그 준비도 좀 허술하면 어떠랴. 여행에서 너그러움을 누리고, 그리고 약간 허술한 빈 곳을 마련하는 게 없다면 그건 이미 여행의 미덕을 많이 잃은 것이다. 그저 하루 지나면 설산을 바라보며 느긋하게 히말라야 안나푸르나 산길을 걷고 있을 거라는 상상만으로도 이미 행복하고 고마운 일이다. 그게 길 떠나는 자의 가장 큰 미덕이고 기쁨이다.

**여행은
장소가 아니라
생각의 이동이다**

모든 시작에는 그 이전의 시간이 있다. 여행을 떠나기 하루 전날 만끽하는 설렘은 사랑에 빠졌을 때의 설렘만큼 새콤달콤하다. 그거면 됐다. 굳이 먼 길 아니어도, 오랜 시간 아니어도 좋다. 아나톨 프랑스의 말처럼 여행은 장소의 이동이 아니라 생각의 이동이다. 그 사이사이에 예기치 않은 것들을 만나게 될 것이다. 때론 가볍고 달콤하게 때론 버겁고 쓰게. 하지만 그 '쓰다'는 감정조차 'sweet bitterness'의 모순을 가볍게 넘어선다. 설렘이라고 무조건 짝사랑 상대를 먼 발치에서 바라보듯 콩닥거리기만 하는 건 아니다. 여행은 용감하게 다가가는 것이다. 여행은 짝사랑이 아니다. 낯선 곳으로 가는 설렘은 영감의 못자리다. 설렘은 '사라짐'에 대한 원초적 인식과 애틋함이 빚어내는 행복이다. 그 설렘이 유한한 순간들을 이어 붙여 영원이 되게 하는 마법의 고리다. 거기에서 영감이 솟아난다. 그러니 설렘은 단순한 여행의 전

조가 아니며 여행을 촘촘하고 농밀하게 만들어주는 촉매다.

갑자기 히말라야로 떠나고 싶다는 생각이 든 것은 순전히 가야산 때문이었다. 여러 해 머물렀던 충청남도 해미의 작업실 수연재樹然齋 창밖으로 당당하지만 한가롭게 펼쳐진 가야산 자락에 하얀 눈이 소담하게 덮인 날이었다. 며칠 뒤 햇살이 나면 그 눈이 녹는 터라 실제로 눈 덮인 산을, 그나마도 정상에만 제법 머물러 있는 눈 산을 보는 날은 의외로 짧았다. 일 년 내내 눈을 머리와 허리에 이고 진 설산을 보고 싶었다. 거의 모든 사람의 위시리스트에 들어 있으며 동시에 버킷리스트에 올랐을 히말라야 트레킹. 그래 가자! 그게 다였다. 무슨 거창한 화두를 품은 것도 아니고 그저 그때의 충동 때문이었다.

히말라야로 가야겠다는 생각을 굳히자 행동이 변하기 시작했다. 고등학교 동창들과 한 달에 두 번씩 산에 오를 때마다 틈틈이 쉬는 걸 즐겼지만 히말라야로 떠나기로 마음먹은 뒤로는 단순한 즐거움의 농도를 줄이고 나 혼자 은근히 체력 테스트로 삼았으며 해미에서는 부지런히 읍성에서 개심사에 이르는 산길을 올랐다. 사람이 묘한 게, 히말라야에 가야겠다고 마음먹은 뒤로는 산에 오르는 게 예사롭게 느껴지지 않았다. 머릿속으로는 히말라야 트레킹의 어느 한 코스를 상상해보고 다리는 가파른 계단이나 험한 바윗길도 끄떡없을 힘을 비축해둬야 한다는 생각으로 채워졌다.

나는 '목적이 이끄는 삶'이라는 표현을 그리 좋아하지 않는다. 그 목적이 아무리 건강하고 바람직한 것이라 해도 어떤 한 지점으로 목표를 정해 오직 그 방향으로만 접근한다는 게 거부감을 일으킨다. 물론 그런 제목의 책을 쓴 릭 워렌은 매우 검소하게 살며 낡은 트럭을 타고 다닌다고 한다. 그가 이끄는 새들백교회가 종교 의식이나 신학적 논쟁이 아닌, 우리 이웃에 살고 있는 사람들의 삶의 필요를 채워주고 삶의 질을 좀 더 낫게 만드는 것을 강조하는 교회라는 점은 매력적이지만 어쨌거나 난 '목적이 이끄는' 그런 삶은 노땡큐다. 그저 그런 표현이 싫다. 그뿐이다.

여행이란 건 어쩌면 목적지가 정해졌다는 점에서 '목적이 이끄는' 삶의 대표적 단면일지도 모른다. 그러나 진짜 여행은 단지 공간이라는 포괄적 대상만 정해졌을 뿐이고, 그 공간조차 못으로 박은 듯 고정된 것이 아니라 언제든 바꿀 수 있다는 가능성 때문에 더 설레고 자유로운 것이 아닐까? 자유를 찾아 떠나는 여행이 자유롭지 않다는 건 일종의 형용모순이고 자기기만일 수 있다.

우리는 지나치게 '점' 지향적이다. 가령 여름휴가 때 경포대 해수욕장에 간다고 하면 오로지 목적지는 경포대 해수욕장일 뿐이고, 내 비게이션에 입력된 목적지는 오직 최단 거리 혹은 최단 시간의 코스만 요구하며 운전자는 그저 충실하게 그 명령에만 따른다. 중간 과정은 관심 밖이고 함께 동행한 일행은 심지어 가는 내내 잠만 자거나 잡담만 나눈다. 그러니 중간에 아무리 멋진 곳을 발견해도 샛길로 빠져 거기서 하루쯤 머물거나 아예 눌러앉아 휴가를 보내는 건 스스로 용납하지 못한다. 여행은 점點이 아니라 선線이다. 아니 선이라기보다 면에 가깝다. 물론 선도 면도 점들의 집합일 수는 있겠지만, 늘 살아온 습관인 직선이 아닌 곡선으로 그려내는 것이 여행이다. 자유가 빠진, 목적지에 매달리는 여행은 이미 구속의 일부이다.

여행은 내려가는 길과 닮았다

여행은 어쩌면 오르는 길이 아니라 내려가는 길 같은지도 모른다. 오르는 길이 목적지를 향한, 아직 가보지 않은 길에 대한 도전과 성취욕이라면, 그건 일상의 삶일 뿐이고, 느긋하게 이 길 저 길 옆길로 샐 수도 있는 하산길이 바로 여행의 느긋함일 것이다. 그런 너그러움이 있어야 대상도, 나도 제대로 보인다.

고은 시인의 눈도 그랬던 모양이다. 올라갈 때 보지 못한 '그 꽃'을 내려갈 때 보았으니. 올라갈 때도 보면 더 좋을 것이다. 올라가면서 나무에게 말도 걸어보고, 새에게 귀를 열어주며, 들꽃에게 눈이라도 맞춰주면 더 좋을 것이다. 그러나 정상에 다다라야 한다는 조바심이 마음도 귀도 눈도 닫아버린다. 그게 우리 일상의 삶이다. 그러나 내려갈 때는 봐야 한다. 그마저도 못하면 산에 간들 헛간 것과 다르지 않다.

본디 여행을 뜻하는 'travel'의 라틴어 어원은 힘들고 어려움을 뜻하는 'travail'에서 나온 것이니 호사스러움보다는 원초적인, 이미 문명에 젖어 그 원초적 상태까지 내몰지는 못해도 최대한 거기에 가까운 상태를 즐길 수 있을 때 여행의 의미를 제대로 누릴 수 있다. 나의 히말라야 여행이 그랬으면 싶다. 기꺼이 선택한 불편함과 곤궁함, 그리고 바닥까지 던져보는 용기가 이 여행에서 내가 얻고 싶은 자유의 전제조건이 아닐까 싶다.

늦었다. 새벽에 나서야 비행기 시간을 맞출 수 있다. 남은 짐마저 대충 꾸리고 빨리 자야겠다. 앤드류 매튜스가 그랬던가? 목적지에 닿아야 행복해지는 것이 아니라 여행하는 과정에서 행복을 느끼는 것이라고. 이미 그 과정이 시작되었다. 그러니 이 밤도 즐겨야 할 일정이다. 우리는 일의 모양이 나타나야 비로소 시작하는 것이라고 느낀다. 그래서 자꾸만 특정한 날짜를 정해서 그것을 기리고 의미를 부여한다. 참 허허로운 짓이다. 무언가 그렇게 하지 않으면 아무것도 없는 듯 불안하고 허전해서 그러는 건 아닐까? 시간은 매순간 살아 있고 의미 있는 것이거늘. 떠나기 전날이 떠나는 날보다 행복하다.

점과 점을 이으면 선이 된다.
여행은 직선의 삶에 대한 저항이다.
기계가 아닌 사람의 호흡으로,
더 나아가 신성으로의 회귀를 꿈꾸는 출가다.
자연주의를 외친 현대미술가 훈데르트바서의 말은
그런 점에서 딱 맞다.

"신은 직선을 만들지 않았다."

직선은 시간의 '낭비'를 혐오한다.
직선의 삶을 요구하는 것은 여백을 허용하지 않는
충실한 기계의 삶을 만들려는 폭력이다.

점과 점을 이어도 곡선일 수 있다는 '발칙함'과 저항이
나를 곧추세운다.
속도만 좇다가 풍경을 잃는 것도,
풍경에만 취해서 속도를 놓치는 것도 경계해야 한다.

살아간다는 건
속도와 풍경을 함께 누리는 법을 깨우치는 과정이다.
그게 나이 드는 과정이다.

오늘은

어제의 그날이
아니다

일상의 날은 특별한 의지나 의도가 없어도 그럭저럭 그냥저냥 굴러간다. 어제의 관성이 오늘을 밀고 간다. 그게 지겹고 무기력하게 느껴지면 타성이 된다. 오늘이라고 어제와 크게 다를 건 없다. 월요일은 이틀간의 짧은 휴식의 끝물이 남아서 살짝 버겁고 조금은 긴장되지만 화요일이면 이미 완벽하게 일상에 적응하고 수요일과 목요일쯤이면 눈 감고도 반복의 일을 해낸다. 금요일은 '오늘만 지나면 된다'는 기대로 가뿐히 버텨낸다. 그게 대부분 우리가 겪는 한 주의 일상이다. 그렇게 네댓 주 쌓이면 한 달이 된다. 삶이란 게 그렇다. 나이 한 살 먹는 것도 정월 초하루만 처연하고 비장하지 금세 작년의 나와 비슷하게 살아간다.

매일이 설렌다는 건 여간한 사람들은 경험하지 못하는 것이다. 하지만 설령 그렇게 누리는 사람이 있다 해도 별로 부럽지 않다. 그건 이미 진정한 설렘의 맛을 상실한 설탕 버무림 정도일 뿐이다. 억지로 당의糖衣를 입혀놓고 좋아라 하는 건 낯간지러운 일이다. 어제 먹지 못한 새로운 음식을 먹는 것으로도 매일의 설렘을 채울 수는 있다. 그러나 그저 잠깐 혀를 위안하는 것, 그 이상도 이하도 아니다. 물론 내가 식도락의 즐거움을 제대로 모르는 위인이라서 그런지 모르지만.

설렘은 누가 주는 게 아니다. 한 주의 하루나 이틀쯤은 그런 사치를 누려도 된다. 누가 시비할 것도 아니다. 봄날의 아침 출근길 바쁜 발걸음에 얼핏 보았던, 봉오리가 막 터지고 있던 녀석이 한낮의 햇살을 받고 얼마만큼 꽃눈을 열었을까 궁금하면 퇴근길 짧은 설렘이 안주머니에서 빙그레 웃는다. 그런 설렘쯤은 누려야 산다. 벤츠니 벤틀리니 하는 고급차 따위 없어도 하루 일과 마친 무거운 발걸음이 설렘의 길을 누리면 걷는 게 축복이다.

그 여리디 여린 꽃눈의 개화 하나가 오늘을 어제가 되풀이되는 하루가 되지 못하게 만든다. 어제와 같은 하루를 사는 나는 어제의 나와 다르지 않다. 그러나 새로운 오늘을 잠깐이라도 맛보는 나는 어제의 나와 같지 않다. 신앙을 가진 이들이 흔히 말하는 부활이 뭐 별 거랴. '어제의 내가 아닌 것(I am not what I was)' 그게 바로 부활이지. 그러므로 '설렘'은 부활의 씨앗이다. 산지기가 삼 씨앗 여기저기 뿌리며 굳이 자신이 아니어도 언젠가 누군가가 그 잎과 뿌리를 만났을 때 짜릿함과 행운을 혹은 건강을 누리기를 바라는 것처럼, 가끔은 그 전날 그 설렘의 씨앗을 뿌리고 틔워볼 일이다.

　　시인 김상미는 '우주의 일부가 되기 위해/끝없이 웃는 그 웃음으로도/더는 못 견디고 죽게 될 때까지' 웃는다고 노래했다. 그래서 꽃은 웃는다. "환하고 사랑스럽게/있는 힘을 다해." 나도 오늘 하루 어느 한순간 잠깐이라도 '있는 힘을 다해' 설레면 '나'도 '오늘'도 새롭게 부활할 것이다. 그래서 오늘 저녁 나는 내일의 설렘의 작은 조각 하나를 베갯머리에 깔아놓는다. 오늘은 내일을 설레게 만드는 과거니까.

　　씨앗을 뿌려둬야 싹을 얻고 꽃을 만난다. 오늘은 씨앗 몇 개나마 뿌려둬야겠다. 복사판 같은 내일들을 오직 하루뿐인 그날로 만나기 위해.

2
탈출
#

때론 급진이 필요하다

여행은

너그러운 회의의
과정이다

"해가 질 때는 외로움 역시 찾아들었다. 이제 회의에 빠지는 일은 극히 드물었으나 그럴 때면 흡사 내 전 생애가 내 뒤에 펼쳐져 있기라도 한 것처럼 가슴이 덜컥 내려앉곤 했다. 나는 우리가 일단 그 산에 오르기만 하면 눈앞에 가로놓인 과제에 깊이 몰입하는 바람에 그런 기분은 사라질 거라는 걸 알고 있었다. 아니, 그렇게 믿었다. 하지만 이따금, 결국 내가 찾던 게 뒤에 남겨놓고 온 어떤 것이라는 걸 깨닫기 위해 이렇게 멀리까지 온 건 아닌가 하는 회의가 깃들곤 했다."

ㄴ 존 크라카우어, 《희박한 공기 속으로》 중에서

살면서 회의를 느끼지 않는다면 그건 생물학적으로는 숨을 쉬고 있는 살아 있는 존재이지만 존재론적으로는 이미 무의미한 삶이다. 회의는 절망과 한숨이 아니라 살아온 삶에 대한 깊은 성찰과 반성, 그리고 끊임없는 자기 해석의 과정이다. 그것은 자아의 타성화된 일상에 타협한 자신을 질책하는 것이다. 그러므로 일상을 벗어나는 것은 이미 그 자체로 하나의 회의가 아닐 수 없다. 그렇다면 여행은 '너그러운 회의'의 과정이다. 다만 떠났던 지점으로 다시 회귀하는 원점산행과도 같다. 여행은 무언가를 담고 오는 것일 수도 있지만 내부에서 굳은 더께를 걷어내고 비우는 과정이기도 하다. 히말라야로 떠나고 싶었던 건 바로 그런 욕망에 대한 내적 호응이었다. 내려놓을 건 다 내려놓고, 설산에 묻고 올 것은 다 묻고 오자. 그러면 꼭 지켜야 할 고갱이가 무엇인지는 알게 될 것이니.

**헬로
카트만두!**

비행기는 7시간쯤 날더니 전혀 새로운 곳에 나를 내려놓는다. 동에서 서로 갔으니 현지 시간으로 따지면 인천을 떠난 지 4시간 만에 카트만두에 도착한 셈이다. 일단 시간을 벌고 시작하는 느낌이다. 명색은 국제공항인데 우리의 지방공항 정도 사이즈의 초라한 행색이다. 그러나 비굴하지 않고 당당하다. 세계에서 수많은 사람이 찾아오니 활기로 가득하고 위축될 게 없다. 나는 이제 완전히 낯선 곳으로 진입했다. 공기도 다르고 소리도 다르다.

입국 수속도 까다롭지 않다. 보름 기일의 비자 비용으로 25달러를 지불하면 쓱 훑어보고 입국 스탬프를 찍어준다. 공항 건물을 나오니 완전히 새로운 세상이다. 널찍하고 세련된 모습을 기대한 건 아니지만 무질서한 모습에 조금은 아연했다.

어차피 본격적인 트레킹은 내일의 일이니 오늘은 카트만두 시내를 구경하기로 했다. 짧은 시간에 네팔을 맛보기 위해 고궁과 시장이 동시에 있는 곳을 찾았다. 박타푸르 궁은 담장도 없이 길과 맞닿았다. 이곳은 네팔의 역사와 문화가 그대로 느껴지는 곳인데, 특별한 것은(나중에는 그게 특별한 게 아니라 일상임을 알았지만) 불교와 힌두교가 자연스럽게 섞여 얼핏 둘이 하나인 듯 여겨진다는 점이다.

내가 탄 택시는 놀랍게도 티코였다. 한국에서도 타보지 못한 것을 네팔에서 타다니! 그런데 좁다거나 낡았다는 생각이 들지 않았다. 모든 것은 상대적이다. 잠시 후 왜 택시가 경차여야 하는지 알았다. 내가 묵을 '히말라야 호텔'은 시장(그들은 번화가라 부르겠지만) 뒷골목에 있는데 좁은 시장이나 그 뒤의 골목까지 자유자재로 다니기에 딱 맞는 크기였다. 운전은 능숙했다. 기사는 수시로 경적을 울려 고막이 먹먹했지만 묘기에 가깝게 그 좁은 길을 누볐다.

다행히 호텔은 깔끔했고 온수도 적당해서 개운하게 샤워를 마치고 밖으로 나갔다. 마치 6, 70년대 평화시장처럼 좁고 작은 가게들이 즐비하고 많은 외국인과 시민들이 뒤섞여 골목을 누비고 있었다. 전선이 너무 복잡하게 얼기설기 늘어선 게 조금 걱정되기는 했지만 짐꾼들은 아슬아슬하게 그러나 조금도 그것들을 건드리지 않고 통과했다. 역시 시장은 사람 사는 냄새가 가장 진한 곳이다. 그래서 과거를 보려면 박물관에 가고 현재를 보려면 시장에 가며 미래를 보려면 도서관에 가라고 하는 것이다. 하루에 두 군데를 봤으니 네팔의 과거와 현재의 일부를 동시에 누린 셈이다.

분명 거기에는 가난의 삶이 짙게 뱄다. 그러나 어디나 사람 사는 곳은 다 똑같다. 치열하고 맵기도 하지만 인정이 넘치고 미래의 희망으로 현재의 고난을 감내하는 사람들의 일상이 오랫동안 촘촘히 박혀온 현장이다. 상대적 운운할 것도 없다. 물질적 풍요가 삶의 모든 건 아니다. 물론 감당하기 어려운 가난은 고통스럽고 원망스럽다. 배곯는 자식들을 망연히 바라봐야 하는 부모의 가슴은 천 갈래 만 갈래 찢어지고 더 배우고 싶어도 돈이 없어서 혹은 희망이 없어서 포기하는 모습은 처연하다. 그러나 모든 이의 삶은 공평하며 나름대로 의미와 가치를 갖는다.

머리로는 안회顔回의 단표누항簞瓢陋巷이니, 단사표음簞食瓢飮이니 찬양하면서 정작 삶은 욕망의 더께를 덕지덕지 바른다. 나보다 못하면 무시하고 나보다 풍요로우면 선망한다. 이곳 시장에서 사람들을 보니 그런 부끄러움이 내 몫이다. 우리 눈으로 보면 노점의 상인은 참 초라하다. 보잘것없는 상품 몇 개를 작은 좌판에 올려놓은 게 전부다. 그러나 그들의 삶도 초라하지는 않을 것이다. 자식에 대한 사랑과 희망이 모든 고단함을 견디게 할 것이다. 그건 숭고함이다.

야크 털로 짠 코발트 블루색 담요 하나를 샀다. 나중에 호텔 직원이 가격을 묻더니 바가지란다. 그런들 어떤가. 차라리 반갑다. 고작해야 2만 원도 되지 않는데. 어리바리한 관광객에게 씌우는 상습적 덤터기만 아니면 된다. 내가 조금 더 쳐준 돈이 그의 가족의 저녁 한 끼를 풍족하게 한다면 기꺼이 기쁜 일이다. 나그네에게는 그런 너그러움이 어울리는 몫이다.

비워내야 얻는 것

트레킹을 떠나기 전 도회에서 마지막으로 먹는 저녁이기에 푸짐하게 먹었다. 호텔방에 무료하게 있는 것도 객쩍어서 로비에 내려갔다. 딱히 아무것도 없는 작은 로비다. 작은 의자에 앉아 아무 생각 없이 멍하니 앉아 있었다. 뜻밖에도 그게 달콤했다. 진짜 달콤한 건 생판 모르는 곳에서 아무도 날 알아채지도 않고 관심도 없으며 그저 풍경의 일부로만 여기는 상태로 그저 무심히 앉아 있는 일 자체였다.

낯선 곳에서 하루쯤 아무것도 생각하지 않고 조용히 머물러 그냥 '멍때리며' 진공의 상태로 자신을 방치하는 것도 짜릿할 것이다. 늘 바쁘게 어디론가 가야 한다는 강박을 완전히 걷어내고 생각조차 멈춰 둔 채 조용히 숨만 쉬는 것이 최상의 여행일 때도 있다. 먹는 일조차 잊은 채 그럴 수 있다면 그건 축복이다. 특히 모든 환경이 상대적으로 원시성에 충직한 곳에서의 그런 방치는 낯설어서 혹은 아까워서 더 짜릿하다.

아, 호텔 로비에 앉아 있으니 여행왔음을 실감한다. 일상의 삶은 무미, 무색, 무취하다. 여행은 그 요소에 2%의 맛을 가미하는 요소이다. 그것을 얻지 못하는 여행은 그저 몸만 이동하는 것일 뿐이다. 휘트니 휴스턴의 '내 생애 한 순간(one moment in time)'의 가사는 길 떠나는 내게 하나의 화두를 던진다. "(고된 과정을 거치면서) 이 순간, 내가 생각했던 나를 뛰어넘어 모든 정답은 내가 가지고 있다는 것을 알았을 때, 진정한 자유를 갖게 될 거야." 내가 생각했던 나는 누구이고 무엇인가? 나를 뛰어넘을 수는 있는 것일까? 정답은 있는 걸까? 그 정답을 내가 가지고 있는데 나만 몰랐다는 것일까? 진정한 자유는 과연 무엇일까?

설렘과 기대를 내려놓은 여행은 건조하다. 그러나 때론 불필요한 기름기를 투박함으로 문질러 씻어내 조금은 스스로를 건조시키는 것도 기꺼운 일이다. 분명 이 여정은 조금은 삭막할 것이다. 먹는 일부터 만만치 않은 저항이다. 길고 긴 여정과 점차 희박해질 산소의 환경보다 기껏해야 먹는 일부터 걱정한다는 건 윤택함과 편리함에 익숙해진 까닭이다. 문제는 몸의 기름기보다 정신의 기름기가 아닐까. 하지만 뭐 그리 두려울 건 없다. 겪으면 다 감당할 수 있는 일이다. 그건 살아 있음이 주는 경건한 선물이다. 이 길이 구도자의 길은 아니다. 그러나 익숙함에서 벗어날 수 있다는 것을 확인하는 건 존재의 영역을 확장하는 일이다. 구도자는 채워서 확장하는 게 아니라 비워서 확장한다. 그러니 조금이라도 비우고 돌아간다면 구도자의 흉내를 조금은 낼 수 있을 것이다. 짧은 여정이 내 그런 바람을 모두 들어줄 것이라 여기지는 않는다.

　　미래는 늘 낯설게 다가온다. 익숙하지 않은 것은 대면하기 불편하고 때론 두렵다. 그래서 현재에 안주하고 싶어진다. 오늘의 진보가 내일의 보수가 된다. 그러니 현재의 급진이 미래의 진화라는 것을 확신한다면 머뭇거릴 까닭이 없다. 삶에서도 급진이 필요하다. 다만 동시대로부터 비난과 억압과 질시를 받을 것이고 때론 오해를 자초할 것이며 심지어 아주 패악한 인간으로 치부될 수도 있을 것이다. 내 성정으로는 스스로 그 지경까지 몰아대지는 못할 것임을 이미 안다. 그건 비겁이라기보다 그저 살아온 이력이고 내 품성이기 때문이다. 하지만 이제는 그 이력도 품성도 조금은 덜어내며 살아도 되지 않겠는가. 이만큼 살았으면 그저 묵묵히 자신의 삶에만 충실할 수도 있어야 한다. 일단 그 정도의 틈새를 마련하는 것이 이번 여행의 바람이라면 바람이다.

나는 내가 살아 있음을 느끼며 살고 싶다.

여행이 익숙하다면
그건 여행이 아니라 변종의 출장이다.
낯섦이 주는 또 다른 매력은 자신의 발견이다.
익숙해서 몰랐던 자신의 면모를 만나는 건
여행이 주는 고마움이다.

누군가의 부재가 공간의 허전함이 아니라
삶의 무의미로 다가올 때 진정한 사랑이다.
낯섦은 삶의 질감을 강화한다.

매일이 나의 삶이다

2

우리는 매일
탈출한다,

아니
탈출해야 한다

우리는 출근하는 '직업'을 갖고 산다. 사전적 의미에서 직업이
란, '생계를 유지하기 위하여 적성과 능력에 따라 일정한 기간 동안 계
속하여 종사하는 일'을 지칭한다. 생계, 적성, 능력, 일정한 기간, 종사
등의 낱말이 연쇄적으로 작동하는, '직업'이라는 말은 많은 것을 함축
한다. 생계를 외면하고 살 수는 없다. 그래서 직업을 생업이라 부르는
것이리라. 나 또는 가족의 생계를 위해 포기하거나 미뤄야 하는 꿈이
얼마나 많은가. 젊은 날 품었던 그 푸르렀던 꿈들이 생계라는 냉혹한
낱말 앞에 속수무책 접혀야 하는 건 누구나 겪는 통과의례이기도 하
다. 물론 지금의 청춘들에게는 직업을, 그것도 안정적인 정규직 일자

리로서의 직업을 얻는 것이 일생일대의 과업이 되었으니 꿈 운운하는 것조차 민망하고 죄스럽지만.

　적성에 맞는 일은 말할 것도 없고 능력에 맞는 직업을 얻는 것은 그리 쉬운 일이 아니다. 적성이 정확히 무엇인지도 모른 채 그저 공부만 했다. 게다가 우리 사회는 한 인재의 적성과 잠재력을 정확하게 읽어내는 인사 관리를 제대로 갖추지 못했다. 그나마 어렵사리 얻은 직업도 이제는 단명에 그치는 경향이다. 지금의 4, 50대야 특별한 허물 없으면 2,30년 한 직장에서 근무할 수 있었지만 그 아래 세대들은 소수를 제외하고는 10년 단위로 끊어 새로운 직업과 직장을 찾아야 하는 게 현실이고 앞으로는 더욱더 그럴 것이다. 그러니 끝없이 직업에 대한 걱정을 하고 살아야 할 것이다.

　물론 직업이 '생계, 적성, 능력, 일정 기간' 등의 말로 주로 묘사되는, 즉 '생업'의 개념만 담고 있는 것은 아니다. 만약 그런 것만 담겼다면 삶은 너무 비참하다. 직업은 그것을 통해 혹은 그 과정에서 자신의 존재 의미를 확장하고 자아를 실현하는, 어쩌면 비본질적이되 가장 본질적인 의미를 갖는다. 그게 직업이나 노동의 힘이기도 하다. 직업의 비참함을 느끼는 것은 정말 비참한 일이다. 생업을 떠나 자아실현과 직업의 비참함이 단순히 종이 한 장 차이라고 말하는 건 무책임한 말이다. 겉으로는 좁은 간격일지 모르지만 그 내용은 헤엄쳐 건너야 할 한강만큼이나 멀다. 그렇다고 적당히 타협하거나 포기할 문제도 아니다. 그게 우리네 일상의 딜레마다.

**출근길이
의무의 시간이라면
퇴근길은
권리의 시간이다**

나는 이제 미지의 설산으로 출발한다. 출근한다. 탈출한다. 설렌다. 그러나 따지고 보면 매일매일이 탈출의 삶이고 짧은 탈출을 접고 귀환하는 삶의 반복이다. 탈출이 꼭 공간의 별리나 변화일 건 없다. 출근길 혼잡해서 도저히 책도 읽을 수 없으면 시집 하나 얼른 펼쳐 시 한 편 읽고 천천히 그 구절 하나하나 곱씹어보는 것도 하나의 탈출이다. 짧은 시의 대표 격인 하이쿠 한 수로도 족하다.

두 사람의 생

그 사이에 피어난

벚꽃이어라

└ 마쓰오 바쇼, 《바쇼 하이쿠 선집》 중에서

그 두 사람이 부부건, 모녀 혹은 부자 관계건, 직장 동료건 누구든지 상관없다. 모든 관계는 둘과의 인연이다. 그 사이에 벚꽃이건 패랭이꽃이건 피우고 있는 관계라면 그것만으로도 이미 삶을 반쯤은 덮고 쌀 수 있다. 시간의 폭으로만 따지면 좁지만, 헤엄쳐야 할 큰 강처럼 막막하던 하루의 폭 또한 그 사이에 핀 꽃 한 송이로 족히 메운다. 탈출은 그렇게 일상에서 매순간 이뤄질 수 있다.

퇴근길은 출근길과 같은 여정이어도 밀도가 다르다. 바쁜 아침 출근길에 보지 못했던 거리의 다양한 모습을 찬찬히 들여다보고 때론 말 걸어보며 걷는다. 꼬맹이 시절 하교 시간이 등교 시간의 꼬박 세 배는 족히 걸리던 그 시절이 행복했던 것처럼, 묶인 시간에서 벗어나 한가로운 시간을 누리는 것 또한 그럴 듯한 탈출이다. 출근길이 의무의 시간이라면 퇴근길은 권리의 시간이다. 우리가 일상의 혹은 직업의 감옥에 갇히는 건 퇴근길 걸음이나 사고조차 출근길의 의무의 시간으로 묶어두기 때문이기도 할 것이다. 의무에서 권리로 탈출하는 것이 조석 朝夕으로 자유로우면 그 또한 여행이고 탈출이다.

그러니 아파트 현관문을 열고 나서면 집에서 탈출하는 것이고 퇴근길은 회사에서 탈출하는 것이다. 결국 우리는 매일 탈출한다. 그 반복이 무기력한 되풀이면 지치고 무기력해지겠지만 새로운 하루로 탈출하는 것이라면 그건 성공한 탈출이다.

매일 그렇게 할 수는 없을 것이다. 매일 그렇게 한다면 이미 그것도 상습이나 타성이 되고 그러는 순간 진부한 일상이 된다. 그저 일주일에 한두 번이면 족하다. 날짜도 요일도 가끔은 엇갈리게 조율하며 리듬을 살리면 가능한 일이다. 그럴 틈조차 없다면 한 달에 한두 번이면 어떠랴.

수연재에서 작업할 때 나의 출근은 눈뜨자마자 읍성을 한 바퀴 돌거나 개심사 넘어가는 산길을 오르는 것이었다. 물론 그것은 일반 직장인의 출근과는 분명 다른 모습이다. 그러나 일단 현관문을 열고 지난 하루를 보낸 공간에서 벗어나는 것이 새로운 하루의 시간으로 출근하는 것이라 여겼다. 서둘 일도 없고 바쁠 것도 없으며 인파에 시달릴 일도 없으니 출근길의 모습은 많은 직장인의 그것과는 판이하게 다르겠지만. 나의 출근은 단순히 공간의 이동이 아니었다. 어젯밤 풀지 못한 주제가 있다면 그것을 화두 삼아 딱 한 문장만이라도 찾아내야겠다고 나서는 발견의 길이었고 씨 뿌리는 농부처럼 하루의 씨앗을 가려 뽑는 출근길이었다. 내 일은 생각을 뽑고 글을 잣는 것이니 그것은 나의 노동이고 출근이다. 그 길에서 얻은 하나의 문장이 하루의 문을 열고 글 밭을 일구는 호미가 되고 가래가 된다.

**나는 매일
탈출한다**

여러 해 머물며 작업하던 수연재에서 나의 출근길이 아침 일찍 읍성 동문에서 개심사 넘어가는 산길을 다녀오는 것이었고 그날 써야 할 글의 주제를 잡거나 화두를 고르는 작업의 시작이라면 나의 퇴근길은 가끔은 해미향교쯤까지 다녀오는 경우도 있고 읍성 뒤 솔밭에서 모든 순간을 농밀하게 천천히 음미하는 경우도 있다. 그 퇴근길은 하루를 압축하는 하나의 문장의 실타래를 뽑는 시간이었다. 그런 출퇴근은 작업실을 파주 출판도시로 옮긴 뒤에도 달라지지 않았다. 거리 때문에 집에서 걸어다니는 건 불가능하여 차로 오가고 있지만 운전하면서도 특별히 산만하지 않을 정도로 하나의 문장을 되새기며 달린다. 그러면 작업실에 도착하여 한 문장을 토해내고 집에 돌아가면서 다시 한 문장을 얻는다. 그것은 내게 생각의 여행이며 판에 박은 생각으로부터의 탈출이다.

배부른 소리라 타박할지 모르지만 어떤 의미에서 모든 출근은 직장으로 가는 여행이고 퇴근은 집으로 가는 여행이다. 단, 어제의 내가 아니라 오늘의 나일 때만 가능한 일이다. 한 뼘만큼이라도 새로운 나를 마련하면 될 일이다. 양상은 달라도 본질은 크게 다르지 않다. 시간에 쫓겨 짐짝처럼 실려 출퇴근하고 늘 똑같은 일을 빡세게 반복하는 보통의 직장인의 삶과 다르다고, 팔자 좋은 넋두리라고 퇴박 놓을 일은 아니다. 끊임없이 사고하고 글 밭을 일궈야 하는 나의 삶 또한 그런 반복과 다르지 않다. 그 반복되는 일상에서도 '두 개의 시간 사이에 벚꽃 한 송이 피우면' 우리는 언제나 이전과 다른 시간으로 탈출하는 것이다. 출근 때 하나, 퇴근 때 하나의 화두나 문장만 얻어도 어제와는 분명 다른 하루다. 글 빚는 이에게는 직접적인 작업의 성과일 수 있지만 일상의 업무를 하는 이들에게도 그것은 삶의 성과일 것이니 부지런히 탈출을 시도할 일이다. 어제와 다른 오늘을 위해.

서둘지 마라, 아직 갈 길이 많이 남았다

해넘이의
향연이

펼쳐지다

    아직 안나푸르나에 들어서지도 않았다. 그래도 멀리 눈앞에 펼쳐진 설산을 보는 것만으로도 히말라야와 인사를 나눈 느낌이다. 설산이면 늘 하얗게 우뚝 서 차가운 햇살을 품기도 하고 뱉기도 하며 도도할 줄만 알았다. 그러나 해넘이에 설산은 하얀 도화지처럼 아무런 왜곡 없이 시시각각 붉은 기운을 마치 자신이 태양인 듯 그려낸다. 흔히 떠올리는 해넘이는 바알간 해가 하루의 일과를 마치고 푸른 서쪽 바다에 풍덩 몸을 던지거나 수줍게 산등성이로 사라지는 것이다. 그 시간은 생각보다 무척 빠르게 지나버린다. 우리는 해의 아랫도리가 조금씩 사라질 때서야 황혼의 절경을 느끼며 환호한다. 그런데 안나푸르나 초

입에서 바라본 해넘이의 시간은 무척 길게 이어진다. 해 기우는 반대 방향으로 바라보기 때문이다. 늦은 오후가 되면 해넘이의 향연이 펼쳐진다. 해가 기우는 각도만큼 설산이 뱉어내는 색깔이 시나브로 달라진다. 정면으로 바라보는 해넘이는 그저 해만 바라보기 쉽지만 반대편에 비추는 해넘이는 마치 달이 해를 되비치듯 속속 변하며 감춰졌던 모습을 보여준다. 해넘이를 넉넉하게 품는 히말라야의 산들은 마치 화가의 팔레트처럼 온갖 색의 조화를 마음껏 부리며 고단한 해를 보내준다.

우리의 해넘이도 시들지 않는다

그게 어찌 해넘이에만 해당할까? 사람도, 세상도 이치는 같을 것이다. 사랑하는 사람도 늘 마주보고만 있을 수는 없다. 금세 질리거나 본질을 보지 못할 수 있다. 친구도 가족도 마찬가지이다. 해넘이를 받아주는 맞은편 산자락처럼 아무도 지켜보는 이 없어도 서운해하지 않고 그저 묵묵히 드러내는 너그러움이 필요하다. 내가 누군가의 해넘이를 받아주는 사람일 수 있다면 그것만으로도 내 삶은 시시하지 않을 것이다.

시인 최영미는 〈서른, 잔치는 끝났다〉에서 "술 떨어지고, 사람들은 하나둘 지갑을 챙기고 마침내 그도 갔지만/마지막 셈을 마치고 제각기 신발을 찾아 신고 떠났지만/어렴풋이 나는 알고 있다/여기 홀로 누군가 마지막까지 남아/주인 대신 상을 치우고/그 모든 걸 기억해내며 뜨거운 눈물 흘리리란 걸"이라며 담담하게 고백한다. '그 모든 걸 기억해내며' 뜨거운 눈물을 흘릴 수 있다면, 그것만으로도 고마운 일이다. 그거면 됐다. 그러나 시인은 그마저도 의연하게 떨쳐낸다. "그러나 대체 무슨 상관이란 말인가." 내가 누군가에 휘둘리지 않을 때 비로소 가능한 고백이다. 그런데도 우리는 자꾸만 그런 '상관'의 올무에 스스로를 밀어넣는다.

**시간의
두 얼굴**

30대건 40대건 상관없이 겪어낸 모든 시간은 돌아보면 어찌 그리 빨리 그 아름다운 시절이 흘러가고 사라졌는지 가슴 먹먹해진다. 모든 순간이 다 그렇게 지나간다. 그걸 알면서도 늘 떠나간 열차처럼 안타까워하며 손짓한다. 그래서 정작 제 시간을 누리지 못하기도 한다.

흔히 사람들은 30대를 인생에서 가장 아름다운 시기라고 한다. 틀린 말은 아니다. 10대처럼 어느 것 하나 제대로 정해진 것 없어 불안하지도 않고 20대처럼 미숙한 열정에 휘둘려 가슴앓이를 하지도 않는다. 가정을 이루고 일자리를 얻어 비로소 독립적인 삶을 영위하는 시기이다. 무서울 것도 눈치볼 것도 없다. 열정은 가득하고 품은 뜻도 바래지 않았으니 '무소의 뿔처럼' 당당하게 앞으로만 나아가면 된다. 완전히 숙달된 것은 아니지만 일의 흐름도 큰 틀에서 보는 눈도 제법 생겼고 조금씩 쌓여가는 통장의 두둑함도 느낀다. 승진과 임금의 향상은 일의 보람을 직접 몸으로 느끼게 한다. 아이들은 보석처럼 반짝여 언제든 그 녀석들 생각만 해도 뿌듯하다. 그런 점에서 30대는 분명 축복의 시기이다.

30대라고 마냥 행복하기만 하지는 않을 것이다. 나도 모르는 사이에 현실과 타협하면서 품었던 이상은 일찌감치 사위기 시작하고 '나였던 그 아이'는 가출하여 행방불명인 경우도 많을 것이다. 사랑하는 이와 함께 사는 것은 행복한 일이지만 책임져야 할 가정에 대한 의무 또한 만만치 않다는 것을 체감할 것이다. 어느새 진부한 어른이 되어가는 것을 발견하면서 움찔하기도 할 것이다. 책도 읽고 여가도 즐기고 싶지만 시간도 돈도 여의치 않아 퇴근하면 회식 빙자한 술자리에서 상사 눈치를 보거나 가끔 친구들과 어울려 술 마시며 울분을 토로하기도 할 것이다. 그러다 집에 돌아오면 곧바로 소파에 쓰러져 리모컨이나 쥐는 게 일이다. 분명 그런 삶을 꿈꾼 건 아니었는데, 어쩌다 보니 왜 이러고 있는 것일까 회한에 젖기도 할 것이다. '나였던 그 아이'는 늘 존재하지만 정작 '나인 그 아이'가 없으니 그 꿈을 실현할 주체가 내 안에서 사라진다. 그런 삶이 가장 슬픈 삶이다.

우리의 30대는 그렇게 칙칙한 모습도 있다. 그러니 눈치 빠른 시인 최영미는 30대를 미처 다 살기도 전에 그 문턱에 들어서면서 이미 잔치는 끝났다고 선언한 것 아닐까? 그러나 시인은 절망하지 않는다. 그래서 마지막까지 남아 주인 대신 상을 치우고 뜨거운 눈물 흘리며 그 모든 걸 기억하는 것일 게다. 그녀는 과연 무엇을 기억해내고 있을까? 그가 부르다 만 노래를 마저 고쳐 부를 것이고, 새벽이 오기 전에 다시 사람들을 불러 모으는 것은 결국 30대에 해야 할 자신의 일임을 예언처럼 노래하고 있는 것은 아닐까? 30대의 강을 건너지도 않고 이제 겨우 발 하나 담그면서도 그녀는 끝내 절망하지 않았을 것이다.

**모든 시간은
이어져 있다**

누구에게나 그렇듯 나의 30대도 나름대로 한편으로는 치열했고 다른 한편으로는 불안한 열정의 미열이 남아 있었을 것이다. 과거형으로 남은 30대는 박제된 시간이다. '비가역적인' 시간을 어느 누군들 조금이라도 되돌리거나 멈출 수 있을까. 하지만 과거도 기억의 밀도에 따라 현재의 느낌이 될 수 있다. 수천 년 넘게 눈을 이고 살아온 저 산들의 시간과 마주하면 그렇게 건너온 '불과' 몇 십 년쯤은 개울 건너듯 별 거 아니다. 그럼 된 거다. 나를 키워준 시간이 고맙고 보답을 못한 내가 미안할 뿐이다. 30대건 60대건 그게 무슨 차이가 있는가. 서울에서는 '그 따위 차이'를 느꼈어도 여기서는 아무 의미가 없다. 체력의 차이도 시간의 너그러움과 하루 가야 할 길의 거리를 안배하면 된다. 안나푸르나에서도 그걸 누리지 못한다면 헛걸음하는 것이다.

오늘 내가 안나푸르나로 향하는 건 전체 일정으로 따지면 사춘기쯤 해당할 것이다. 아직 설산의 얼굴도 만나지 못했지만 설렘은 가득하다. 불안과 두려움이 없는 것도 아니다. 그 사춘기가 산에 들어선다고 쉽게 사라지지는 않을 것이다. 늘 새로움에 대한 기대와 두려움을 안고 갈 것이니 '나였던 그 아이'는 사라지지 않을 것이다. 그러다 어느 정도 이력이 붙으면 팔팔한 2, 30대의 청춘처럼 씩씩하게 걸을 것이다. 그렇게 따지면 내 여정은 어쩌면 삶의 길과 크게 다르지 않을 것이다.

그 어떤 시간도 따로 존재하지 않는다. 물론 이미 살아서 지나간 시간이지만 사라지지 않는다. 모든 시간은 맞닿은 채 부대끼기도 하고 도닥이면서 이어진다. 특히 한 사람의 삶의 시간은 말할 것도 없다. 그러니 지나간 시간을 아쉬워만 할 것도 아니고 곧 맞을 시간도 설레기만 할 것도 아니다. 살아온 시간과 살아갈 시간이 바로 지금 맞닿아 있다. 그래서 지금이 중요하다. 그저 그런 하나의 순간이 아니다.

마음 한편으로는 목적한 곳에 얼른 도달하고 싶지만 그곳 또한 내 발걸음 하나하나 쌓이고 이어져 다다를 곳이다. 그러니 서둘 것도 아니고 마냥 바라보고만 있을 것도 아니다. 내 삶 또한 그렇지 않은가.

삶의 정면만 바라볼 게 아니다. 그런 삶은 단면의 삶이다. 정면도正面圖만 가지고 집을 지을 수 없는 것처럼 그것은 제대로 된 도면이 아니다. 측면과 배면을 바라봐야 하고 때론 위에서 내려다보는 도면도 필요하다. 내가 안나푸르나에 갔을 때 지녔던 지도는 두 가지였다. 하나는 일종의 개념도로 기본적 행로를 간단하게 묘사한 도면이다. 그것을 보고 나는 하루하루의 일정과 속도를 정했다. 그러나 거기에는 아무런 정보도 없고 시선을 둘 곳도 없다. 물론 흐름을 파악하는 데에는 복잡하고 세밀한 지도보다 훨씬 경제적이고 간결해서 편리하다. 또 다른 하나의 지도는 1/20만의 척도로 축약된 일반 지도다. 거기에는 산과 강의 굴곡과 흐름, 그리고 경사면의 가파름과 완만함을 가늠함으로써 어느 정도 입체적인 모습을 그려낼 충분한 정보를 담고 있다.

내 삶의 지도가 달랑 개념도 한 장이거나 너무 복잡한 등고선으로 채워진 지도만 있다면 때론 무미하거나 혹은 때론 목적지에 도달하기 전에 지치기 쉽다. 개념도만 보면 안나푸르나의 일정도 가뿐하고 쉬워 보인다. 그러나 결코 그 길이 만만하지 않을 것을 나는 안다. 1/20만 지도만 보면 두렵고 맥이 풀린다. 그러나 걷다 보면 그 길도 어느덧 끝날 것을 알기에 나는 또박또박 걷는다. 그러다 해넘이를 품은 히말라야의 장관과 너그러움을 만나게 된다. 삶 또한 다르지 않을 것이다.

돌아보니 해넘이를 품은 히말라야 산들을 보지 않았다면 어쩌면 나는 걷는 기계처럼 진격만 했을 것이다. 마치 그게 시간에 가장 충실한 태도라는 듯. 서둘고 있음을 포장하고 스스로 합리화하는 것일 뿐, 그것은 시간에 대한 충성이 아니다. 서둘 일이 아니다. 아직 가야 할 길이 많고, 바쳐야 할 시간이 길다. 그러니 해넘이마저 바라보지 못하는 조급함을 덜어내야겠다. 그걸 덜어내기 위해 온 길 아니던가. • •

3, 40대에게 '비움'은 어색하다.
'채움'으로도 바쁜데 비움이라니.
그러나 비움은 탈진exhaustion이나 방전discharge이 아니다.
비움은 재충전의 여지를 마련하는 것이며 채움의 재조정이다.

덜어내지 못하면 채우지 못한다.
다만 무엇을 덜어내야 할지는 알아야 하는 나이다.
20대와 다른 점은 그것을 알기 시작했다는 점이다.

때로는

쉬엄쉬엄

최영미는 서른의 문을 열면서 '잔치는 끝났다'고 탄식했다. 물론 그것은 물러터진 감상도 아니고 자학도 아니다. 그래도 불안과 아쉬움의 잔상이 묻어 있는 건 어쩔 수 없다. 그렇기도 할 것이다. 서른은 날것처럼 펄떡펄떡하던 청춘이라고 떠들기엔 이미 계면쩍은 나이다. 젊지만 청춘은 아닌, 그 애매모호함만큼이나 30대는 여기도 저기도 아닌 시기이다. 하지만 달리 보면 20대 청춘의 피가 아직은 식지 않았고, 40대의 노련미를 조금씩 익히고 있는 양수겸장의 넉넉함을 지닌 시기이기도 하다.

많은 이들이 30대는 참 아름다웠다고 고백한다. 하지만 너무 바쁘게 뛰어다니느라 정작 그 아름다움을 마음껏 누리지는 못했다는 아쉬움이 남을 것이다. 제 나이를 누리며 사는 게 뜻밖에 어렵다. 제 나이의 힘과 가치를 모르니 그 아름다움을 누리지 못한다. 그래서 지나고 나서야 그걸 깨닫는다.

30대를 계절에 비유하자면 여름이다. 그것도 7월의 여름이다. 삼복더위도 시작된다. 그 땡볕에 그대로 뛰는 건 어리석은 짓이다. 여름의 소나기는 잠시 숨 고르고 가라는 자연의 신호이고 선물이다. 조선시대 학자 겸 실학 정치인이었고 문인이었던 이수광李睟光(1563~1628)은 시원한 소나기와 더불어 달콤한 낮잠을 즐기며 이런 시를 남겼다.

시원하게 비가 내려 더위를 씻어주니
정자에서 누린 낮잠 참으로 달콤하구나.
동네 꼬마 녀석이 와서 이르기를
개울 돌다리에 물이 넘친단다.
快雨洗炎署 亭中睡政酣
村童來報道 川漲石橋南

바쁜 걸음으로 길을 걷다가 한여름 소나기를 만났다. 갈 길은 바쁘고 시간이 촉박하다 느꼈을지 모른다. 하지만 쏟아지는 비를 뚫고 가기보다는 개울 옆 작은 정자에 몸을 피하고는 아예 드러누워 달콤한 낮잠을 즐긴다. 비는 쏟아지고 개울의 물은 불어 다리를 삼킬 듯하자 외려 놀란 동네 꼬마가 달려와 호들갑을 떠는 모습을 상상해보라. 그런데 정작 본인은 태연하게 옷섶 툭툭 털며 빙그레 웃었을 것이다. 그런 여유가 가파른 언덕을 달리는 30대에게 꼭 필요한 건 아닐까?

　　안나푸르나에서는 분명 우기가 끝났는데 스콜이 쏟아지곤 한다. 나는 이수광처럼 그렇게 유유자적하게 비가 긋기를 기다리기는커녕 소나기 피하는 참새마냥 안절부절 조바심이 앞선다. 우기의 장맛비가 아닌 걸 알면서도 잠깐의 소나기 때문에 시간이 지체될지 모른다는 걱정이 앞서고 길이 질퍽이면 여간 성가시지 않을 것을 미리 심란해하기 때문일 게다. 아니, 어쩌면 소나기 잠깐 피하며 느긋하게 쏟아지는 비를 마음껏 감상하는 삶의 습관이 마련되지 않아서 그럴지 모른다.

　　가만 생각하니 '기다림'을 제대로 배운 적이 없다. 집에서도 학교에서도 사회에서도 늘 '앞으로 전진'만 배웠지 느긋하게 기다리는 법을 배우지 않았다. 기다리는 건 시간의 낭비요, 가야 할 길에 대한 태만이라고 여기며 살았다. 집이나 작업실에서도 자투리 시간이라도 나면 신문을 읽거나 인터넷 서핑이라도 하면서 뭔가를 해야 마음이 놓였다. 비워두는 법을 몰랐다. 어쩌다 한적하게 여행을 가더라도 간 김에 볼 수 있는 건 다 봐야 직성이 풀렸다. 아, 여유롭다 여기며 살았는데 돌아보니 늘 바쁘고 빡게만 살았다. 그래도 이제라도 그것을 깨달았으니 다행이다. 조금 피곤하면 때론 모든 일 멈추고 쉬고 자신에게 관대하기로 마음먹는다. 삶도 사랑도 쉼과 기다림이 필요한 것을.

**여백의 시간을
찾아서**

그래도 내가 누리는 여백의 시간이 있다. 바로 시를 읽을 때다. 소설이나 교양서는 매우 빠른 속도로 읽지만 시는 최대한 천천히 읽는다. 때론 시 한 편을 하루 종일 되뇐다. 시구 하나에 흠뻑 빠져 내 영혼과 정신은 자유롭게 유영한다. 백무산 시인의 시 〈고요에 헹구지 않으면〉 마지막 연에서 하루 종일 퍼뜩 추스른 정신이 멈춘다.

> 시간을 고요에 헹구지 않으면 오늘을 반복할 뿐
> 내일의 다른 시간이 뜨지 않기에.

고요의 시간은 정갈한 시간이다. 그것은 물리적 소음이 제거된 시간이 아니라 사방이 시끄러운 상황에서도 오직 나만의 시간에 흠뻑 빠져 몰입하는 시간이다. 그 시간은 바쁘게 서두르는 시간에서는 얼을 수 없다. 그 시간은 잠깐 멈춰 오직 나에게만 충실한 시간이다. 온 갖 대상을 마음의 시선에서 제거하고 눈은 세상을 바라보되 내 정신과 마음에만 내면의 시선을 꽂는 시간이다. 모든 물리적 소음의 훼방에도 상관하지 않는 시간이 고요의 시간이다. 그 고요에 시간을 헹군다. 어 쩌면 내가 히말라야로 떠난 것도 이 시구 하나에 꽂혀 시간을 고요에 헹구고 싶었기 때문이었을지 모른다.

누구나 그리고 언제나 떠나고 싶다. '열심히 일한 당신 떠나라!' 는 광고 카피가 가슴에 저리게 박힌 건 휴식 한 번 제대로 누리지 못하 고, 심지어 휴가조차 틀 속에 갇혀 일상의 연장이나 가족에 대한 의무 감으로 채우고 있는 헛헛한 가장들에게 공감을 얻었기 때문이었을 것 이다. 의무의 삶을 잠시 내려놓고 권리의 삶을 스스로에게 선물하는 것이 그래서 필요하다. 이수광이 쏟아지는 소나기에 조급해하기는커 녕 오히려 태연하게 낮잠을 즐겼던 것처럼 우리에게도 삶의 쉼표가 필 요하다.

장마가 아닌 다음에야 쏟아지는 여름철 한낮의 소나기는 금세 멈춘다. 그건 잠시 숨 고르고 가라는 자연의 배려. 물에 빠진 생쥐처 럼 홀딱 젖은 몸으로 멀리 갈 수는 없다. 외려 비 긋기 기다리며 잠시 정자나, 그도 없으면 처마 밑에서 시원하게 내리는 작달비 바라보는 것만으로도 족할 휴식으로 힘을 얻은 이가 더 멀리 갈 수 있다. 바쁠수록 돌아가는 지혜가 우리에게 필요한 힘이다. 그저 끓기만 하다간 터지고 만다. 제대로 멀리 가기 위해서는 천천히 묵묵히 가면서 가끔은 퍼질러 앉아 쉬기도 해야 한다.

주어진 시간을 온전하게 누리려면 서둘면 안 된다. 갈 길은 멀다. 그러니 서둘지 말고 즐기는 법을 마련하며 살자. 삶도, 사랑도, 일도. 때론 밭게 때론 성기게.

굽이진 길에서 삶을 만나다

길은

더듬고 풍경을 살피며
걷는 맛이다

짧은 일정이지만 벌써 이틀이 지났다. 카트만두를 떠나 베시사하르로 향하는 길뿐 아니라, 본격적으로 안나푸르나 라운드를 시작하는 출발점인 베시사하르에서 떠나는 길도 직선이 없다. 어쩌면 그게 길의 본모습일 것이다. 직선의 도로에만 지겹도록 적응한 삶을 흐트러뜨리기 위한 길이다. 계속해서 이어지는 초록의 신록과 가득한 꽃들을 마음껏 누릴 수 있어서 호사스러운 건 굽이진 길 덕택이다. 느려서 얻는 행복이고 선물이다. 초록은 힘이 세다. 엊그제 종일 차를 달려 바라보는데도 피곤하지 않았던 것은 줄곧 녹색과 함께였기 때문일 것이다. 사람도 초록으로 살면 좋겠다.

카트만두를 떠날 때 짧은 일정을 벌충하고자 자동차를 대절했다. 기사는 좁은 시골길에 들어서자 갑자기 속도를 냈다. 큰 길에서 속도를 내고 좁은 길에서 속도를 줄이는 우리 상식과는 반대라서 당혹스럽다. 2차선인 큰 길에서는 차들이 많아 추월이 어려웠는데 한적한 시골길에서는 거침이 없다. 구불구불한 길을 거침없이 밟는 운전 솜씨는 신기에 가까웠다. 우리는 목적지에 내리면 그만이지만 그는 돌아가려면 예닐곱 시간은 달려야 하니 조금이라도 시간을 벌기 위해서는 어쩔 수 없을 것이다. 하지만 편도의 여정만 예정된 나로서는 그의 질주가 사뭇 못마땅했다. 천천히 완상할 틈도 없이 브레이크도 거의 밟지 않고 커브를 도는 통에 머리가 띵할 정도였다. 그에게 주어진 시간과 내게 맡겨진 시간이 다른 까닭이다.

　　삶의 속도 또한 마찬가지인 듯하다. 왕복해야 하는 삶은 숨 가쁘지만 편도의 삶은 상대적으로 조금은 여유롭다. 사는 건 그저 한쪽으로 천천히 꾸준히 가는 것인데 왜 그리도 이리저리 오가며 정신없이 달리기만 하는 걸까. 삶 또한 크고 너른 길로 쭉 펼쳐져 달리는 것보다 꼬불꼬불한 길 더듬으며 골목 모퉁이에서는 어느 바람이 불까, 어떤 풍경이 펼쳐질까 궁금해하며 걷는 맛을 느끼면 얼마나 좋을까.

편안하지 않은 길을 누군가와 함께 달린다는 건 이미 그 자체로 동지애를 느끼게 한다. 그것은 마치 힘든 일을 함께 겪은 이가 삶의 결을 함께 느끼는 것과 같다. 물론 거기에 거대한 이익과 권력이 끼어들면 이야기는 달라진다. 대부분 혁명의 동지들이 혁명에 성공한 뒤에 서로 물어뜯으며 남보다 못해지는 건 너무나 흔한 일이다. 그러나 그런 이해관계가 아니라면 힘든 일 함께 겪고 어려운 길 같이 걷는 것 그것만으로도 이미 족한 끈끈한 친밀감을 느낀다. 결코 편안하지 않은 힘든 길을 함께하는 건 그래서 그것만의 묘한 매력이 있다.

현지 가이드 철수 씨(그의 네팔 이름은 이셔 타파인데 한국에서 오래 생활한 탓에 '철수'라는 이름을 갖고 있어서 그렇게 부른다)는 고산병에 걸리지 않으려면 가능한 한 천천히 그리고 쉬엄쉬엄 걸어야 한다고 몇 번이나 상기시킨다. 얼마나 정신없이, 바쁘게, 빠르게만 살았던가. 히말라야는 그런 습속을 버리라고 도닥인다. 그거라도 얻고 가면 얼마나 좋을 것인가.

베시사하르는 우리네 눈으로 보면 그저 제법 큰 면소재지쯤으로 보이지만 엄연히 한 주州의 수도답게 행정기관이나 학교도 많다. 심지어 대학도 있다. 카트만두에서 직접 달려왔으니 아직 비교할 기준이 없어서 초라해 보일 뿐, 사람들의 표정에는 주도州都 시민의 당당함과 자부심이 드러난다. 비로소 첫 번째 롯지에서 하룻밤을 묵었다. 아래

층에는 소박한 식당이 있고 위층에는 그보다 더 소박한, 아니 소박하기보다는 투박한 객실(?)이 있다. 페인트칠은 벗겨지고 침대는 얼기설기 짜 맞춘 나무 궤짝에 얄팍한 매트리스 한 장 깔렸을 뿐이지만 그래도 선풍기가 위엄 있게 돌아가고 있어 땀 흘리며 잘 일은 없을 것 같았다. 물론 전기가 끊어지지 않는다는 조건이 따르겠지만. 녹초가 된 몸을 침대에 누이니 그대로 잠에 빠져들었다. 1시간 가까이 늦은 오후의 낮잠을 즐기고 나서 샤워를 하니 개운했다. 앞으로는 하산 때까지 샤워도 못한다. 아무리 덥고 지천에 물이 흘러도 샤워를 하거나 머리 감는 건 금지란다. 고산병을 예방하는 첫걸음이다.

마음의 고산병

우기가 끝난 베시사하르에서도 그랬다. 갑자기 소나기가 쏟아졌다. 우기가 끝났다는데 기상이변 때문인지 혹은 완전히 끝나지는 않았는지 끝물처럼 비가 내린다. 엄청난 작달비에 저절로 몸이 움찔한다. 나그네에게 낯선 곳에서의 비는 독특한 느낌으로 다가온다. 그리움은 더 짙어지고, 고립감은 더 또렷해진다. 하지만 그 절연감은 또 다른 오르가슴으로 다가온다. 히말라야의 천둥소리는 엄청나다. 아마 산들이 겹으로 울리기 때문인 듯하다. 고원의 까마귀들은 유난히 크고 많다. 울음소리도 우렁차다 못해 공포스럽다. 그보다 훨씬 덩치가 큰 닭의 울음소리는 차라리 애교스러울 정도다. 소나기는 불과 10여 분만에 거짓말처럼 그쳤다. 그리고 마침내 설산이 보였다! 웰컴 투 히말라야! 마치 그렇게 외치는 것처럼 보였다. 그렇게 나의 히말라야의 시작은 후렴처럼 소나기가 동반되었다. 처음에는 움찔했지만 점차 익숙해지리라.

> 청산은 나를 보고 말 없이 살라 하고
> 창공은 나를 보고 티 없이 살라 하네.
> 탐욕도 벗어놓고 성냄도 벗어놓고
> 물같이 바람 같이 살다가 가라 하네.
> 青山兮要我以無語 蒼空兮要我以無垢
> 聊無愛以無惜兮 如水如風終我

히말라야 설산까지 보이니 고려 말의 고승 나옹선사(1262~1342)의 노래가 절로 읊어진다. 이 비에 온갖 탐욕도 성냄도 벗어놓고 순간에 충실하며 동시에 이 시간을 탐닉하고 싶어진다.

롯지의 옥상에 올라 시내를 내려다보니 제법 번화하다. 맞은편 가게 앞에 아까부터 비를 피해 문 앞에 앉아 있던 유럽의 연인은 여전히 꼭 껴안고 있다. 그 포옹은 히말라야보다 더 거대하고 안나푸르나보다 높으며 네팔의 하늘보다 넓을 것이다. 사랑은 그런 몸짓 하나로도 우주를 담는 것이니. 아무리 험한 길이어도 추위가 매서워도 저렇게 사랑하는 연인이 함께 가는 길은 두렵지 않을 것이다.

안나푸르나에 들어서면서 계속해서 고산병에 대한 두려움을 떨치지 못했다. 난생 처음 겪을 통증인데다 짐작조차 되지 않으니 두려움은 눈덩이처럼 커질 뿐이다. 그러나 정작 두려워해야 할 고산병은 내 마음 안에 똬리 틀고 있는, 오랫동안 품어 와서 그 존재가 너무나 자연스러운 집착과 퇴행성 사고다. 그걸 허물기 위해 떠나오지 않았던가. 흐르는 시간조차 멈춰놓고 그 영원성에 기꺼이 갇힐 수 있어야 한다. 영혼의 속도가 삶의 속도를 따르지 못하면 어느 순간 다시는 재회하지 못할 것이다. 그러니 삶의 속도를 조금 늦추고 영혼의 속도를 조금 가속시키는 여정이어야 한다. 곧은 길 버리고 굽은 길 택하는 이유가 그것이 아니던가. 굽은 길에서는 자연스럽게 뒤를 돌아볼 수 있고 나를 바라볼 수 있다.

비가 그치자마자 사람들은 거리에 쏟아져 나온다. 저녁을 마련하려면 서둘러야 할 것이다. 언덕의 작은 집들은 굴뚝으로 하얀 연기를 포르르 토해낸다. 이곳 사람들은 조금도 서두는 법이 없다. 그게 일상이라는 듯 여유롭다. 그 유럽인 연인이 아무렇지도 않게 느긋하게 포옹하고 있는 것처럼. 그렇게 서로 모습만 다를 뿐 시간을, 삶을 대하는 태도는 비슷하다. 그러나 늘 바쁜 레일 위에서만 살아온 나는 아직은 그런 모습이 낯설다. 그걸 즐겨야 제대로 여행을 할 수 있다. 낯선 곳에서는 낯선 것을 즐겨야 한다. 낯선 것을 즐기는 것은 용기다. 그러나 그것은 단순한 용기가 아니라 실패를 마다하지 않을 용기다. 그러니 주저할 게 없다. 삶의 매 순간이 다 낯설지 않은가. 이 낯섦을 즐길 수 있어야 삶도 즐겁다.

구불구불한 길에서 비로소 삶이 보인다. 삶 또한 도처에 굽이진 것이기에 그렇다. 직선의 길과 공간에서는 삶마저 직선으로 꼿꼿하게 펴서 조금만 굽이가 생겨도 내키지 않고 불편하게만 여긴다. 하지만 삶은 그 누구의 삶이건 결코 직선이 될 수 없고 그래서도 안 된다. 대통령의 삶이건 대기업 회장의 삶이건 말단 직원의 삶이건 양상만 다를 뿐 본질은 다르지 않다.

앞으로 열흘 넘게 그 굽이진 길을 걸어야 한다. 직선의 삶에서 벗어나 굽이굽이 꺾고 돌면서 생각도 마음도 적당히 주름지게 접으면서. 큰 길이 주름지면 골목이 된다던가. 그렇게 주름진 골목길 모퉁이에서 꺾여 돌아드는 수수꽃다리(라일락) 꽃내음은 시각視覺보다 먼저 오는 것처럼 모든 감각을 다 열어놓고 천천히 그러나 꾸준히.

경사가 있는 산은 지그재그로 굽을 만들며 올라야 한다.
직선의 경사로는 거리는 단축시킬지 모르지만
그 한 매듭으로 끝이다.

감당할 수 있는 경사만 허용해야 한다.
직선의 경사로를 빨리 오르는 것보다
각도를 줄이면서 길게 오를 길을 택해야
더 먼 길을 오래 갈 수 있다.

나는 오늘

어디를
걸어왔는가

일상의 길은 직선의 길이 많다. 질주와 경쟁의 길이다. 그러나 자연은 직선의 길을 거부한다. 여유 있게 구불구불 굽은 길은 질주를 허락하지 않는다. 천천히 가라고 이리저리 방향을 바꾼다. 속도에만 익숙한 사람은 이런 길이 불만일 수 있다. 그러나 속도를 얻은들 풍경을 잃으면 그 길을 갔다 할 수 있을까. 물론 풍경에 취해 속도를 잃는 것도 현대인에게는 늘 허락된 삶은 아니지만 이제는 풍경을 속도에 담을 수 있어야 한다. 우리의 길이 늘, 그리고 모두 직선은 아니다. 굽은 길도, 골목길도 있다. 그런 길에서 모퉁이를 돌 때마다 새로운 풍경이 펼쳐지는 건 마치 책을 넘기는 것과 같다. 멀리서 봤을 때 그저 대강 보였던 것들이 굽이굽이 돌 때마다 새로운 모습으로 다가온다.

속도의 삶에서 놓치고 지나간 풍경의 회복

아침은 어쩔 수 없이 속도에 맡겨야 한다. 아침 출근길은 잰걸음으로 나선다. 늘 5분, 10분에 동동거린다. 환승 시간이 조금 어긋나도 지각할지 모른다. 그 정도의 시간만큼 여유를 갖고 나서면 되는데 막상 아침이면 또 다시 바쁘다. 늘 반복이다. 그러나 퇴근길은 대개 느릿느릿 굼뜨거나 여유롭다. 어쩌다 술이라도 걸치면 정신줄 간신히 붙잡으며 집으로 돌아가기도 한다. 하루 종일 얼마나 빠른 속도로 뛰었을까! 속도와 효율로 채근하는 사회이고, 거기에 적응해서 살아야 하는 나날이다. 저녁이 있는 삶은 선언적 명제로만 존재할 뿐, 퇴근길도 출근길에 비해 상대적으로 여유로울 뿐 정작 내게 할애할 시간은 별로 없다. 그러니 집으로 돌아가는 길은 지치고 외로워 터벅터벅 조금은 맥이 빠지고 조금은 무거운 업무에서 벗어난 홀가분한 마음으로 걸어왔을 것이다.

나는 오늘 하루 어떻게 살았는가, 무엇을 느끼고 무엇을 생각했는가, 누구를 어떻게 대했는가, 천천히 커피 한 잔 마시며 돌아보는 여유만 누려도 좋을 것이다. 물론 어떤 날은 기억하기조차 싫어 소주 몇 병 마시고 그대로 뻗었으면 싶기도 하지만 그래도 짧게라도 일과를 돌아보고 중요한 일은 메모하는 것만으로 그것은 일기와 마찬가지다.

매일 반복되는 삶에서 보자면 그날이 다 그날 같으니 굳이 되새기고 메모할 필요까지 있을까 싶다. 그걸 한다고 삶이 바뀌지도 않겠다 싶지만 그래도 매 순간이 내 삶의 일부라 여기면 그 순간의 나는 적어도 내 삶의 역사에 대한 사관史官이다. 또한 그것은 오늘이라는 내 삶의 풍경이다. 속도의 삶에서 놓치고 지나간 풍경의 회복이다. 더할 나위 없이 행복한 시간도, 끔찍하고 고통스러웠던 시간도 지나고 나면, 겪고 나면, 똑같은 하나의 시간이다. 적어도 물리적 분량으로서의 시간은 같다. 그러나 그 시간을 성찰하는 순간은 모든 것이 내 삶 속에 응축된 형태로 다가온다. 그것은 시간의 단순한 복기復棋가 아니다.

**나는
하루를,
오늘을
걷는다**

안나푸르나에서 이틀 동안 나는 걷기 말고는 아무것도 한 게 없었다. 일을 한 것도 아니고 누굴 만난 것도 아니며 다른 이와 통화한 일도 없다. 그러니 돌아봐도 딱히 되새길 게 없다. 적어도 내 일상의 삶에 비춰보면 그랬다. 그러나 롯지에서 짐을 풀고 가벼운 차림으로 주변을 천천히 산책하면서 돌아보는 하루는 내가 살아온 그 어떤 시간보다 농밀하고 치열했다. 그저 꾸역꾸역 걸었고 잠깐잠깐 장관을 보면서 감탄을 토해내기도 했지만 매순간 나는 뜨겁게 나와 맞섰고 끊임없이 내게 말을 걸었다. 그 길에서 만난 어느 누구에 대해서도 어떠한 계산도 짐작도 판단도 할 필요가 없었다. 그저 서로 웃으며 평화를 빌었고 손 흔들며 헤어졌다.

수십 년 살아오면서 어렸을 때를 제외하고는 재고 따지고 짐작하고 판단하며 속으로는 우월과 열등의 가늠자로 재단했다. 늘 목적이 개입했다. 아, 그러고 보니 속도의 삶은 외부에서 요구해서 어쩔 수 없이 택해야 했던 삶이 아니라 늘 목적성을 앞에 둬서 불러들인 업業이기도 하구나. 작업실에서 해미읍성을 걸을 때도 일산 집에서 호수공원을 걸을 때도 한 문장이라도 건지고 싶은 욕망을 내려놓지 못했다. 이순耳順을 앞두고야 비로소 그런 욕망을 내려놓는다. 물론 언제든 그것은 되돌아와 제자리 내놓으라 윽박지르겠지만 이젠 그런 협박조차도 웃으며 넘길 수 있을 것 같다.

갑자기 아버지 생각이 난다. 열세 살 막내아들을 두고 작별한 아버지는 얼마나 안타까우셨을까. 아버지는 내게 친구였다. 저녁 식사 전후에 내 손을 잡고 동네 한 바퀴 산책하면서 혹은 당신의 거의 유일한 취미 활동이던 다방 순례에 데리고 다니면서 온갖 것을 이야기해주셨다. 어린 내가 그 내용을 제대로 알 수는 없었지만 아버지가 나를 대등한 인격으로 대하는 게 느껴져 좋았고 몇 차례 반복해서 들으면 제법 이해의 폭도 넓어졌다.

평생 잊지 못할 대화도 있었다. 늦은 밤 산에서 하늘의 별자리를 설명해주시다 갑자기 물으셨다. "별이 참 예쁘지? 하지만 저 별들 다 합친 것보다 네가 더 예쁘단다. 아버지는 널 저 우주보다 훨씬 더 사랑해." 그러면서 내 머리를 꼭 껴안았다. 당시 나는 너무 오글거려서 얼른 머리를 뺐지만 싫지는 않았다. 그리고 그 말이 평생 사라지지 않았다. 어쩌면 내가 버티는 힘의 절반은 그 말 덕분인지도 모른다. 그런데 너무 일찍 떠나셨다. 야속하게도. "막내야, 네가 살아갈 세상은 지금과 많이 다를 거야. 한 가지만 기억해두렴. 딱 한 번 사는 인생, 네가 하고 싶은 걸 해. 자기가 하고 싶은 걸 찾고 그걸 이뤄가는 게 진짜 인생이란다." 고작해야 예닐곱 살인 아들에게 너무 어려운 대화다. 그러나 '우리'는 묘한 동지애를 느꼈다. 내게 아버지는 그런 동지였다.

돌아보니 아버지의 당부에 따라 산 것인지 자신이 없다. 물론 지금까지 살면서 내가 하고 싶은 것을 우선순위로 살아온 듯하다. 하지만 그마저도 어느새 일상이 반복되는 삶에서 희석되고 퇴색한 상태로 타성에 젖어 살았다. 아버지도 내게는 그렇게 말씀하셨지만 당신도 그런 타성으로 사셨다. 당신의 나이와 겹치니 그게 보였다. 그래도 마냥 반복되는 나날을 틈틈이 거부하고 저항한 것은 타성 속에 나를 놓칠 수 없다는 자각 때문이었다.

내가 아버지의 등을 바라보고 걸었던 것처럼 내 아이들도 내

등을 바라보고 걸을 것이다. 그러니 허튼 길로 갈 수도 없고 가서도 안될 일이다. 그렇다고 무거운 의무감으로만 걸을 수도 없고, 내가 걸었던 길을 따라 걸으라고 할 수도 없다. 모두 제 나름의 길을 찾아 그 길을 걷는 것이다. 그게 삶이다. 그러나 큰 길만 바라보며 살기보다는 골목길도 누벼보고 외딴길도 일부러 찾아보며 길에서 여러 사람 만나고 많은 것을 느끼며 살아갈 일이다.

　　내가 오늘 걸었던 길은 이미 과거로 사라졌지만 기억은 그것을 저장한다. 그리고 기억 속에서 그 길은 언제나 새로운 길이다. 그러나 기억 속에만 갇힌 길은 죽은 길이다. 어쩌면 삶은 거꾸로 걷는 것 같다. 내가 아는 길은 걸어온 길일 뿐이다. 그것은 과거의 길이다. 현재 내가 서 있는 곳은 지금 겪고 있는 길이지만 내 발바닥과 직접 맞닿은 길을 현재의 시간으로 볼 수는 없다. 그러려면 주저앉아 발밑을 봐야 하는데, 그러면 그것은 걷는 것이 아니다. 하물며 미래의 길을 알 수는 없다. 다만 내가 걸어온 길을 짚어서 미래의 길을 가늠하거나 기대할 뿐이다. 그래서 허튼 길, 삿된 길을 걷는 것은 미래의 삶에 대한 모멸이고 함정이다. 그래서 오늘 내가 걸었던 길 모든 자국과 자취가 사사롭지 않다.

　　걷는 일은 현재형이다. 삶이 현재형인 것처럼. 걷는 일은 오늘이다. 살아 있음을 느끼고 온몸 휘도는 피의 흐름을 느끼는, 걷는 일이야말로 하루의 중심이다. 그것은 단순히 이곳에서 저곳으로 옮기는 이동의 행위가 아니다. 나는 앉아서도 걷는다. 내 생각도 걷는다. 나는 그렇게 하루를, 오늘을 걷는다. 걸음을 멈추는 것은 그런 감각의 멈춤을 의미한다. 하지만 그저 반복적으로, 습관적으로만 걷는 것은 오늘을 걷는 일이 아니다.

　　그 시절 퇴근하는 골목길, 반쯤은 불쾌한 상태로 휘청휘청 걸으며 하루의 노고를 스스로 위안하며 걸었던 가장들이 새삼 고맙고 그립다. 술 한 모금 입에 대지 못해 늘 꼿꼿한 걸음으로 간식거리 사 들고 집에 오셨던 아버지가 눈물 나게 그립다. 나는 오늘 어디를 걸어왔는가? 환청처럼 아버지의 말이 들린다.

　　"애야, 오늘 하루 수고했다. 그러나 직선의 길을 탐하고 거기에 매달리지 마라. 기꺼이 곡선의 길을 나서야 해. 그게 너의 길이고 너의 삶이니까."

순례자는 끊임없이 묻는다

우리는
그렇게

통성명을
나누었다

"세계를 인식한다는 것은 그 세계에 어떤 의미를 부여하는 것, 다시 말해서 그 세계를 명명하는 것이다. 도보 여행자가 왜 그토록 이름을 알아내고자 하는지 그 까닭이 바로 여기에 있다. 도보 여행자는 아직 어느 것 하나 그 정확한 좌표가 정해져 있지 않은 삶의 차원 속에서 길을 가는 사람이다."

└ 다비드 르 브르통, 《걷기 예찬》 중에서

나는 브르통의 이 문장들에서 '좌표가 정해져 있지 않은 삶의 차원'이라는 말에 마음이 왈칵 끌린다. 좌표가 정해지면 누구나 최단 거리를 찾게 마련이다. 그게 삶이건 길이건. 최단 거리는 경제적이고 효율적일지는 모르지만 재미는 없다. 남보다 빨리 가고 높은 자리에 다다를지 모르지만 그건 사는 맛도 걷는 맛도 없다. 어차피 삶이란 것도 그저 긴 소풍에 불과한 것인데, 뭐 그리 바쁘고 빡게 살려는지, 나 스스로도 잘 모르겠다. 그러면서도 끊임없이 좌표를 정하려 한다.

　　　낯선 곳에 가면 모든 게 새롭고 동시에 긴장될 수밖에 없다. 익숙하지 않은 것들뿐이고 모르는 것투성이다. 사람도 낯설고 심지어 같은 나무나 꽃들까지 새롭다. 좌표가 정해지지 않은 삶이나 장소는 미지의 대상이며 온몸으로 더듬어 파악해야 한다. 그것은 미완성이지만 종결은 아니다. 마을의 이름이며 길과 내의 이름을 그곳에 사는 이들에게 묻는다. 그것은 가장 쉽고 이상적인 말 걸기다. 히말라야의 산자락 아랫마을을 통과하고, 들길을 걸으며, 가파른 산길을 오르는 것 모두 낯설고 그 과정에서 만나는 모든 이들이 초면이다. 그러나 지도를 꺼내들고 인쇄된 그 지명과 내가 서 있는 곳의 지명이 일치하는지 물음으로써 나는 정식으로 그곳에 서 있게 된다. 그곳에 이미 살고 있는 이들에게 말을 걸고 확인하는 것 자체가 미지의 세계에 대한 입국 심사와 마찬가지이다.

　　　나그네는 바로 길과 이름을 묻는 사람이다. 묻지 않고 걷는 것은 입국 비자 없이 밀입국하는 것과 같다. 굳이 사람들에게 묻지 않아도 된다. 지도에 묻고, 길가 나무에게 물어도 된다. 그 지도의 구불구불한 선 어딘가에 내가 서 있음을 확인하는 것 자체가 길과 말을 섞는 것이다. 그렇게 우리는 통성명을 나눈다.

바람에도
신이
담겨 있다

네팔은 신이 넘치는 나라다. 어디를 가든 신을 만날 수 있다. 작은 식당에도, 길가에서도, 하룻밤 묵는 롯지에서도 신을 만날 수 있다. 이곳 사람들은 타르초(티베트 불교의 경전이 인쇄된 깃발)가 바람에 날리는 소리를 '바람이 경전을 읽고 가는 소리'라고 말한다. 그러니 바람에도 신이 담겨 있다. 하루의 시작과 끝을 신과 함께 하고 그 사이의 모든 순간에 신이 있다는 건 늘 우주를 껴안고 산다는 것과 다르지 않다. 바람에서도 신을 느끼는 이들보다 더 농밀하게 매 순간을 사는 이들이 있을까? 그들은 끊임없이 물을 것이다. 신이 바라는 삶이 무엇인지.

모든 일이 그렇듯 종교도 신앙도 과유불급이다. 교리와 이념은 달라도 대부분의 종교는 '착한 마음'을 놓치지 않고 사는 등대 역할을 한다. 그래서 삶에서 자칫 상처 입을 수 있는 자잘한 셈쯤은 슬쩍 밀어내고 삶의 본질에 충실하게 해준다. 물론 제대로 된 신앙이라면 말이다. 짧게 그리고 단편적으로 바라본 이곳 사람들의 표정에서 나는 그런 마음을 읽는다. 물론 속살을 파고들면 그렇지 않은 면이 어디에나 어느 누구에게나 있으니 그걸 구태여 따질 건 없다. 다만 직관적으로 그걸 느낄 수 있다.

　　서로의 종교나 신앙이 다른들 그게 무슨 대수며 목숨 걸 만큼 증오할 일일까. 종교나 신앙은 자유가 본질이다. 미망이나 권위에 흔들리거나 억압되지 않고 진리와 정의를 지켜낼 힘을 내 안에 마련하는 것이니 그것은 자유의 원천이다. 그런데 자유를 버리고 오히려 강요와 억압을 행사하는 건 폭력이지 종교가 아니다. 저이들의 '나마스테' 인사를 받고도 그걸 깨닫지 못한다면 청맹과니다. "내 안의 신이 그대 안의 신에게 인사합니다" 또는 "나는 당신에게 마음과 사랑을 다해 예배드립니다"라는 뜻의 나마스테는 결국 "우리는 모두 하나입니다"라는 의미가 아닌가.

　　타르초를 훑고 지나는 바람은 여느 바람과 다르다. 그 바람에는 신이 담겼고 따뜻한 축복이 깃들었으며 아름다운 사람들의 아름다운 염원이 실렸기 때문이다. 처음 타르초를 봤을 때 굿당의 깃발처럼 보여 살짝 멈칫했지만 따지고 보면 굿당의 깃발도 겸손하고 정결한 마음을 상징하는 표식이니 그 표징에 대한 의미가 먼저지 누구의 깃발이냐가 중요한 게 아니지 않은가. 곳곳에 타르초가 휘날리는 네팔의 바람과 공기에는 그렇게 신이 가득하다.

먹는 것에도 조금씩 적응이 되고 고산 증세에도 조금씩 익숙해진다. 가능한 한 천천히 그리고 쉬엄쉬엄 걸으라는 가이드의 조언이 아니더라도 내 몸은 가파른 산길과 조금씩 희박해지는 산소 속에서 빨리 걸을 수 없고, 틈틈이 쉬지 않고는 하루 일정의 먼 길을 완주할 수도 없다. 늘 평지에서 살아온 나는 2,000미터 가까운 다라빠니에서도 호흡이 편치 않다. 실제로 그 높이에서는 산소 농도가 아무런 차이가 없을 텐데 미리 겁먹었거나 지나치게 예민해져서 그렇게 느낄 것이다. 어쨌거나 그 핑계로 조금 천천히 걷기로 한다.

설산은 쉽사리 제 모습을 온전히 보여주려 하지 않는다. 더 깊이 들어가면 온통 설산 풍광뿐이어서 지나온 숲길을 그리워하게 될지도 모르지만 감질나게 보였다 말았다 하는 설산은 야속하다. 낯선 곳에서 익숙해진다는 것은 그리 오래 가지 않는다. 갑자기 엄청난 굉음이 들린다. 처음엔 천둥소리인 줄 알았다. 마른하늘에 벼락이 쳤나 싶었는데 원편에 멀리 보이는 설산이 무너지는 소리였다. 히말라야에서 처음 보는 눈사태. 눈사태 소리가 그렇게 클 거라고는 상상하지 못했기에 어리둥절했다. 겨우 익숙해진 호흡은 다시 빠른 맥박으로 이어졌다. 그래도 금세 호흡을 가다듬을 수 있었던 것은 내 몸의 변화가 아닌 탓이다. 살아가면서 겪는 어려움도 외적인 변화나 영향보다는 내가 지닌 문제 탓인 경우가 많다. 밖에서 일어나는 변화는 그리 대수롭지 않을 수 있다. 그게 나 자신을 뒤흔들 정도의 불가항력적인 힘이라면 모를까.

눈사태의 굉음은 그저 꾸역꾸역 걸으며 서서히 물음조차 사위던 내게 정신이 번쩍 들게 하는 힘으로 작용했던 모양이다. 나는 다시 스스로 묻는다. 나는 어디로 가고 있는가? 왜 저기로 가려 하는가? 내 삶은 어디로 가고 있을까? 아니, 나는 대체 어디에 서 있는 것일까? 낯선 곳에서의 걷기는 전혀 예측하지 않는 물음들을 자연스럽게 꺼내게 만든다. 나는 그렇게 물음을 던지는 경건한 순례자가 되고 있었다. 타르초를 보듬고 흐르는 바람을 타고 온 신에게 묻는다. "신이여, 제 삶은 제대로 가고 있습니까?"

도시의 길과 비교하면 안나푸르나의 길은 지극히 단조롭다. 곧은 길 거의 없고 구불구불 울퉁불퉁 불편하며 하루의 풍경은 거의 다 비슷하다. 그 굽고 거칠며 단조로운 길에서 나는 수없이 묻고 캐며 든는다. 길은 걷는 곳이기도 하지만 묻는 곳이기도 하다. 단순해지니 저절로 물음이 쏟아진다. 주변에 빼앗겼던 정신을 되찾기 때문일 것이다. 곧게 난 삶의 길도 조금은 일부러라도 구부리고 투박하게 만들면 삶도 달라질 것 같다. 잘 포장된 길, 곧게 뻗은 길, 온갖 볼거리가 넘치는 길로 이어진 삶의 길은 질주의 길이지 성찰과 물음의 길은 아니다. 삶이건 길이건 가끔은 낯선 길로 떠나는 건 바로 그런 타성에서 벗어나기 위한 선택이다.

신앙이란
끝없이 신에게 묻고 자신에게 묻는 것이다.
자신의 한계를 인식하고 거대한 무한성에 겸손해지며
스스로 무릎 꿇는 용기에서 신앙이 가능하다.

니체가 저항하는 것 또한 그런 것이다.
그걸 그리스도교라는 타깃에만 적용하는 것이라고 여기니
적대감을 갖는 것이다.
달을 가리키는 손가락만 보니 그런 것이다.
순례를 보상의 몫으로 여기는 한 그 길은 거래일 뿐
경건한 신앙의 성찰이 아니다.

매일매일 일상의 삶이
순례가 아니고 무엇인가.

순례는

나를 만나는
길이다

성지 순례를 떠나는 이들이 많다. 어떤 이는 로마로, 또 어떤 이는 예루살렘으로 그리고 또 다른 어떤 이는 룸비니로 떠난다. 여러 날 잡아 비행기를 타고 떠나는 순례자들이 있는가 하면 티베트 사람들처럼 몇 달 혹은 몇 년에 걸쳐 오체투지하며 떠난 순례자들도 있다. 순례는 성스러운 일이고 순례자 또한 성스럽다.

그런데 때론 순례 자체에 모든 의미를 걸고 그야말로 공간 이동 자체에만 몰두하는 이들도 있다. 시간과 돈을 할애해 믿음을 확인하고 다잡기 위해 떠난 일은 그 자체로 갸륵한 일이니 그럴 수 있다. 그러나 정작 자신은 두고 가는 이들도 있다. 그런 경우 순례는 있지만 순례자는 없다. 종교적인 순례도 성인을 만나러 떠나는 여정이 아니라 나를 만나러 떠나는 종교적 성찰의 과정이다. 따라서 내가 없는, 혹은 나를 만나지 못하는 순례는 단순한 공간의 이동에 그칠 뿐이다.

**순례는
묻는 것이고,
순례자는
묻는 사람이다**

《사막의 순례자》에서 테오도르 모노는 이렇게 말했다.

"운명은 나를 이곳에 불러 사막의 인간인 메하라 사람(단봉 낙타를 타는 아프리카인), 모래 위를 항해하는 사람으로 만들었다. 사막은 어떤 나약함도 허용하지 않는 엄격한 교육자다. 유목민은 그들 시선에 필적하는 예리함을 가지고 마음으로 인간을 느낀다. '멀리 그리고 분명히 본다'는 것은 나의 좌우명이 되었다."

그렇다. 순례는 '내가' '멀리 그리고 분명히 보는' 힘을 얻는 과정이다. 그런데 자칫 나는 놓고 순례지에만 마음을 쏟는 것은 아닌지 돌아볼 일이다. "내가 단지 도시인에 불과했더라면 사막보다 덜 풍요로운 영역 속에서 존재 이유를 찾으려 투쟁했을 것이다"라는 그의 고백은 우리가 황무지라고 여기는 사막이 아니라 온갖 풍요가 넘친다고 여기는 도시가 훨씬 더 황폐할 뿐 아니라 본질은 없고 껍데기만 넘친다는 사실을 일깨운다. 그것은 바로 '나'의 존재성에 대한 충실을 의미하기 때문일 것이다.

아흔을 훌쩍 넘긴 테오도르 모노의 말은 감탄을 넘어 엄숙하고 숭고하다.

"세계의 처음과 새로운 내일을 발견하려는 내 탐구심이 고갈되려면 아직도 멀었다. 평생 배우고 인내하며 나누고픈 목마름과 열정을 내게 선물한 자연에 늘 감사한다. 과잉의 세계에서 침몰하지 않고 한결같이 나를 지켜준 내 작은 배가 자랑스럽다. 그리고 피안彼岸에 대한 호기심으로 나는 설렌다."

그의 나이쯤 될 때 나는 그렇게 말할 수 있을까? 호기심과 탐구심이 고갈되지 않는 한 끝없이 묻고 캐려는 욕망이 사라지지 않으면 가능할 것이다. 묻는 것은 자아를 찾는 것이고 묻는 자아가 바로 주체적 나이기 때문이다. 그러므로 순례는 묻는 것이고, 순례자는 묻는 사람이다.

파울로 코엘료도 순례에서의 자아를 강조한다.《연금술사》에서 양치기 소년 산티아고에게 주어진 말은 우리 모두에게 고스란히 적용된다.

"자아의 신화를 이루어내는 것이야말로 이 세상 모든 사람에게 부과된 유일한 의무지. 자네가 무언가를 간절히 원할 때 온 우주는 자네의 소망이 실현되도록 도와준다네."

'간절히 원할 때 온 우주가 도와준다'는 말을 어느 누가 몹쓸 의

도로 썼기에 농락당한 느낌이 들기도 하지만, 그것은 코엘료 자신의 경험에 대한 고백이기도 하기에 간절한 느낌으로 다가온다. 작가가 되고 싶었지만 시시껄렁한(?) 글을 쓰고 있는 자신을 한탄하고 있을 때 아내는 순례를 권했다. 그가 보인 첫 반응은 말도 안 된다는 것이었다. 그러나 그의 아내는 남편이 떠나 있어도 세상은 망하지 않는다며 생각할 시간이 필요하다고 떠밀었다. 아내가 그에게 던진 결정적인 발언은 이랬다. "당신은 생각할 시간이 필요해요." 그렇다. 순례는 '생각할 시간'을 오롯이 자신에게 할애하는 여정이다. 코엘료는 미련 없이 길을 나서고 일을 복잡하게 만들려 하지 말라고 충고한다. 그는 《순례자》에서 의미심장하게 말한다.

"산이 높다는 걸 알기 위해 산에 올라가는 건 아닙니다."

군이 산에 오르지 않아도 높다는 걸 안다. 산에 가는 것은 산과 교감하는 나를 만나기 위함이다. 이름을 에베레스트라 붙이건 초모랑마라 부르건 사가르마타라 하건 겨울에 북면으로 오르건 여름에 남면으로 오르건 중요한 건 내가 산과 어떻게 교감하고 대화하며 나 자신을 똑바로 바라보느냐 하는 것이다. 그게 순례의 진면목이다. 그런데도 우리는 배를 항구에 묶어두고 그 안전함과 소유 의식만 만끽할 때가 얼마나 많은가. 그래서 코엘료는 덧붙인다.

"배는 항구에 있을 때 가장 안전하지만 배는 항구에 머물기 위해 만들어진 게 아닙니다."

자신이 직접 순례를 떠난 경험이 있기에, 그리고 거기에서 자신을 만나고 삶의 방향성을 결정했기에 그의 말은 울림을 지닌다. 항구에 머물기만 하는 배가 되지 않기 위해 우리는 기꺼이 힘겨운 순례를 떠난다.

**우리는
매일
순례자가 된다**

다시 브르통을 꺼낸다.

"순례자란 무엇보다 먼저 발로 걷는 사람, 나그네를 뜻한다. 그는 여러 주일, 여러 달 동안 제 집을 떠나 자기를 버리고 스스로에게 자발적으로 부과한 시련을 통해서 속죄하고 어떤 장소의 위력에 접근함으로써 거듭나고자 한다."

그것이 굳이 종교적이지 않더라도 순례는 정화의 과정이고 기본적으로 순례는 느리게 걷기이다. 느린 걸음을 통해 영혼의 속도를 회복하는 것이다. 일상의 삶을 살면서 뭉텅이 시간을 덜어내 떠나는 것은 쉽지 않다. 그래서 우리는 꿈만 꾸다 포기한다. 순례지만 생각하지 순례자는 바라보지 않기 때문이다.

사실 우리는 매일 순례자로 산다. 물론 그러기 위해서는 내가 순례자라는 인식을 설정하는 것이 필요하다. 불가의 '일체유심조一切唯心

遣'를 굳이 빌려 쓰지 않아도 순례자로 마음먹으면 모든 걸음 모든 호흡이 순례자의 그것들이 된다. 순례자는 순례의 주체다. 따라서 순례자로 대하는 모든 하루와 모든 일과는 '나'라는 주체의 순례지가 된다. 로마라는 '성지'에 가는 것이 중요한 게 아니다. 룸비니 순례를 다녀와도 내 안에 들어 있는 불성을 먼저 만나지 못하는 건 점심 식사 후 조계사나 봉은사 경내를 걸으며 누리는 잠깐의 탑돌이만 못하다.

　　　이반 일리치의 평생의 동료이자 최고의 도반이었던 리 호이나키는 《산티아고, 거룩한 바보들의 길》에서 "길바닥에 아무렇게나 널려 있는 돌들을 밟으면서, 쏟아지는 빗방울을 맨몸으로 맞으면서, 질척이는 진창길의 진흙이 신발에 달라붙어 발걸음을 옮기기가 어려울 때" 오히려 자연과 교감할 수 있었다고 고백한다. 그 교감은 바로 묻고 대답하는 것이다. 묻는 주체가 누군지 대답하는 주체가 누군지 그건 이미 중요하지 않은 구분이다. 어디 이뿐인가! 운수납자雲水衲子의 만행卍行은 가장 처연하면서도 대담한 순례다. 그들은 끊임없이 화두를 던지고 묻고 캐며 길을 나서고 도를 찾아 이 절에서 저 절로, 세상 도처의 부처를 찾아 나선다.

그 길이 꼭 산티아고로 가는 순례길이거나 히말라야 설산의 고산길일 까닭은 없다. 주변의 둘레길이며 올레길들은 모두 나의 순례길이 될 수 있다. 골목길을 고샅고샅 누비는 것도 좋은 순례다. 길이 주름 잡히면 골목이 된다던가. 때로 골목에는 가난의 때가 그대로 묻어난다. 사람들의 입성도 그렇고 가게도 허름하다. 그러나 사람들의 표정은 따뜻하고 순박하다. 누군들 가난의 질곡을 좋아하겠는가. 생계의 무게가 고스란히 사람들의 어깨에, 주름진 얼굴에 묻어 있다. 그렇게 길의 '주름'과 얼굴의 '주름'이 삶의 '주름'으로 겹친다. 잠깐 스쳐가는 나그네의 눈으로 본 것만으로 섣불리 판단하지 말아야 한다. 그래야 그 골목에 켜켜이 접혀 있는 진정한 아름다움을 볼 수 있다.

때로는 낯선 골목에 들 때도 있다. 골목 순례를 하려면 반드시 지나온 길을 규칙적으로 되돌아봐야 한다. 가는 길에 보였던 것이 되돌아오는 길에는 낯설어서 제 길을 찾지 못하기 쉽다. 그러니 돌아서서 눈에 담아둬야 돌아올 때 길을 잃지 않는다. 가는 것만 생각하고 돌아올 것을 염두에 두지 않고 가다 보면 길을 잃는다. 사는 것 또한 그렇다. 그 길 되돌아보지 못하고 내쳐 앞만 바라보고 내달리니 돌아올 제 몸, 제 정신, 제 거처를 잃는다.

낯선 곳에 있다는 것은 신기하고 즐겁다. 두려움보다는 호기심이 더 많은 까닭일 수도 있고, 이미 여러 사람이 그곳에 있었거나 지나갔기에 거기에서 사람을, 삶을 느낄 수 있을 것이다. 너무 살피고 긴장할 필요는 없다. 일단 즐기고 볼 일이다. 순례가 힘겹고 지루할 까닭은 없다. 그런 순례는 자학이나 고립일 뿐이다. 순례는 나를 만나는 길이다.

순례는 잠시 일상의 나를 버리는 것이 아니라 일상의 나에게서 비일상의 나를 발견하는 것이고 말 거는 것이다. 나는 오늘 무엇을 물었고, 내일은 또 무엇을 물을 것인가? 굳이 산티아고 순례길로 나서지 않아도 지하철에서 책을 읽으면서 순례에 나설 수 있고 책상에 앉아 작업하면서 순례자가 될 수도 있다. 나를 만나러 떠나는 그 길 위에서 나는 언제나 순례자다.

풍경을 읽어내는 건 각자의 몫

**풍경의
말에**

**귀
기울이다**

새벽 5시. 깊은 잠에 들지 못해 어설프게 깬 시간, 롯지에는 어둠이 깔렸지만 산책 삼아 천천히 길을 나선다. 길은 밤새 머금었던 어둠을 너그럽게 품었다가 다시 되돌려줄 준비를 시작하며 조금씩 모습을 드러낸다. 도회의 새벽과는 판이하게 다른 조도와 온도, 그리고 소리는 정신없이 걷는 데에만 몰두했던 길과는 다른 느낌으로 다가온다. 히말라야의 공기도 낮과 밤, 그리고 새벽은 다르다. 어디서나 새벽 공기는 신산하고 달착지근하다.

제법 멀리 갔다. 올라갈 길은 익숙하지 않을 듯하여 어제 왔던 길을 되밟았다. 낯선 길도 갈 때와는 달리 돌아올 때 느끼는 감정은 색

다르다. 익숙한 듯 낯설고 낯선 듯 익숙한 길. 길만 그런 게 아니라 풍경조차 낯설게 익숙하다. 갔던 길이라 익숙하고 각도가 달라 낯선 풍경과 길. 그런 일이 얼마나 많은가. 단순한 기시감과는 다르다. 얼마나 익숙한 시선으로 세상을 봐왔을까. 그리고 그 시선으로 얼마나 많은 말과 판단을 쏟아냈을까.

드디어 동이 트며 안나푸르나의 위용이 어제와는 완전히 다른 모습으로 드러나기 시작했다. 가슴은 떨렸고 눈은 저절로 크게 떠졌다. 그것은 위대한 반전이었다! 돌아서는 순간 예상하지 못했던 그 장관이란! 이른 아침 햇살을 그대로 반사하는 설산의 장관과 더불어 눈 앞의 진초록은 아침 안개를 품고 있어 더 신비하고 부피감이 있는 듯 느껴졌다.

오늘의 목적지는 마낭이다. 마낭으로 가는 길은 멀다. 다행히 고도의 차이가 극심하지 않아서 숨 쉬는 게 고통스럽지는 않을 것이다. 그러니 일찍 출발해서 시간을 여유롭게 누리며 충분히 두리번거리며 걸을 것이다. 걷는다. 또 걷는다. 마치 걷는 기계처럼. 그러나 의식은 더 또렷해지되 날카롭지 않다. 강물은 거세게 울고 길이 꺼져서 힘들고 돌아가야 하는 일도 있지만 불평은 없다. 어차피 매끈한 길을 기대한 것도 바란 것도 아니다. 각오를 하면, 미리 마음가짐을 마련해두면 그런 불편쯤이야 대수롭지 않다. 그렇게 불편한 길에서 새로운 풍경을 얻는다. 그러니 그 값은 이미 충분히 얻은 셈이다.

마낭으로 가는 길을 따라오는 계곡은 잠시 조용히 흐른다. 지금까지 거세게 분탕하던 물길과 사뭇 다르다. 나무 사이로 보이는 강물은 영화 〈흐르는 강물처럼〉의 한 장면이다. 석회가 많이 섞인 까닭에 히말라야의 계곡은 뿌옇다. 하지만 하류에서는 푸른 물로 바뀐단다. 흐르면서 석회를 침전시키기 때문일 것이다. 강물도 제 목적지에 도달할 때는 맑은 물로 다다르고 싶을 것이다. 무겁고 탁한 것 덕지덕지 묻히고서 가고 싶지 않을 것이다. 그런데도 우리 삶은 끝내 탐욕과 무지를 침전시키지 못하고 생을 마감할 때까지 미련스레 담아 간다.

**같음은
쉬우나
어울림은
어렵다**

편안함과 자연의 조화를 함께 추구하는 것은 일견 모순처럼 보인다. 그런데 그 둘을 동시에 누리고 싶은 욕망을 갖는다. 그런 모순적 바람이 아름다운 풍광 속에 별장 같은 집을 소망하게 만든다. 그렇게 욕망은 때로는 모순으로, 갈등으로 다가온다. 공자는 화이부동和而不同이라 했지만, 말이 쉽지 공자의 덕성에 미치지 못하는 범인인 까닭에 이를 실천하기란 어렵다. 《논어》〈자로 편〉에서 군자는 화이부동하는 사람이며 조화롭게 살되 자신을 잃거나 놓치지 않는 삶을 산다고 했다. 나와 다르다고 일일이 타박하고 간섭하며 제 잘난 맛에 취해 사는 건

군자의 몫이 아니다. 조화는 대충 어울리는 게 아니다. 상대의 존재를
받아들이고 그의 생각과 느낌을 인정하되 나를 버리지 않는 것이다.
그저 꽃 몇 송이 나란히 놓는다고 조화調和가 되는 것이 아니다. 그건
단순히 조화造花일 뿐이다. 그러니 우리는 쉽게 남과 같아지려 한다. 상
대가 나보다 더 강하고 부유하며 똑똑하면 최대한 거기에 맞추고 따른
다. 그건 쉽다. 하지만 그런 동이불화同而不和는 소인의 몫이다.

그렇다고 그것을 가볍게 여기거나 폄훼할 수는 없다. 아부와 아
첨이 아니라면 그 '같음'의 노력도 가상하다. 소인이 못되고 덜 된 인간
은 아니다. 평범한 보통 사람이다. 단지 군자와 대응하면서 '맞선 말'로
느껴서 그렇게 이해할 뿐이다. 그러니 문제는 어울림和이다.

같음同은 쉽다. 그러나 어울림和은 어렵다. 같음은 나를 버리고
상대에만 맞추면 된다. 상대를 위해 나를 버리는 건 헌신적 사랑이 아
니라면 잇속을 위한 아첨뿐이다. 어울림은 나를 버리는 게 아니라 상
대를 인정하고 받아들이되 내 생각과 판단을 곧추세우는 것이다. 현실
에서 현상으로만 보자면 둘은 종이 한 장 차이다. 그걸 가려 실천하기
도 어렵지만 그걸 분별해서 읽어내는 것조차 쉽지 않다. 여행은 단순
히 공간의 이동에 그치는 게 아니라 생각의 이동이다. 낯선 공간, 낯선
사람과의 해후고 공감이다. 그것은 자연스레 어울림으로 이어진다. 그
안에서 삶의 어울림을 배운다.

안나푸르나 여정에서 만나는 네팔인들은 소박하고 따뜻하다. 이곳 사람들은 사방의 거대한 수직의 벽에 둘러싸인 채 살면서도 표정이 맑다. 맑다는 건 밝은 것과 다르다. 그들의 삶은 편안과는 거리가 멀고 풍요와도 동떨어져 있다. 그러니 삶은 고단할 것이다. 고단한 삶에서 밝은 표정을 얻기란 어렵다. 그러나 자연을, 삶을 있는 그대로 받아들이는 그들의 표정은 구김이 없고 순수하다. 그래서 맑다. 저이들의 표정이 맑은 것에는 이 꽃들도 한몫했을 거라는 생각이 든다. 꽃 한 송이에도 마음을 빼앗길 수 있는 것이 사람을 맑게 한다는 사실을 새삼 깨닫는다. 공자의 화이부동을 저이들의 표정에서 읽는다.

**풍경이
들려주는
이야기**

마낭으로 가는 길은 정말 예쁘다. 풍경이 저절로 말을 건넨다. 안나푸르나의 뜻밖의 나긋함을 마낭 가는 길에서 마음껏 누린다. 물론 아직은 안나푸르나의 부분일 테지만 히말라야 초행길의 나그네에겐 그것만으로도 감탄의 연속이다. 놀랍게도 위압감은 아니다. 안나푸르나 정상으로 오르는 길은 등반가에게 쉽게 길을 내주지 않기로 유명하지만, 아래에서 바라보는 그 모습은 너무나 평화로울 뿐이다. 내가 갈 길은 정상으로 오르는 길이 아니고 5,500미터의 높은 고개를 넘는 것이니 겁먹을 건 없지만 그렇다고 만만하지 않을 것임을 안다. 두려움과 자신감이 공존하니 뜻밖에 생각할 것이 많아진다. 물질 세계와 단절하니 얻는, 자연에서 받는 충일한 충전이다.

마낭으로 가는 길의 풍경이 특별히 아름다운 것은 초록의 산과 넉넉한 밭을 마음껏 눈에 담을 수 있는 마지막 여정이기 때문이기도 하다. 곧 작별하게 될 풍요로운 풍경에 대한 애정과 고마움이 짧지 않은 하룻길을 넉넉하게 해준다. 나는 누군가에게 그런 길이나 풍경이었던 적이 있을까? 내가 풍경이 되어 내 앞을 혹은 내 옆을 지나는 이들에게 먼저 말 건네고 도닥였을까? 다른 모든 대상은 오로지 나에게 풍경이었을 뿐이지 내가 풍경이 된 적이 없다면 그것만큼 이기적인 것은 없다. 마낭 가는 길의 풍경은 그런 따끔한 성찰을 요구한다.

마낭으로 가는 길은 풍경도 아름답지만 사람들도 참 아름답다. 그래서 하루쯤 더 묵고 싶어진다. 마낭에서는 풍경이 먼저 내게 말을 걸어온다. 자연은 아무 내색도 없이 내게 말을 건다. 왜 왔느냐 묻지도 않고 어디로 가느냐 캐지도 않는다. 그저 길을 걷는 게 즐거운지 혹여 힘들고 지루하지는 않았는지만 묻는다. 그러면서 산 쪽에서 내려오는 바람에 실린 소식을 살짝 전해준다.

모든 풍경은 나름의 이야기를 지닌다. 그러나 그것을 읽어내는 건 각 사람의 몫이다. 그 풍경에 마음을 잠시 걸어두는 사람에게만 자연은, 풍경은 말을 건네고 어깨를 도닥인다. 3,000미터를 넘어서니 늦은 오후는 벌써 선득하다. 마낭은 3,500미터가 넘는 곳이다. 아직 고산 증세를 느끼지는 않지만 숨은 가쁘고 긴장은 강해진다.

3,000미터라는 고도는 상징적이다. 거기까지는 숲이 버티고 있다. 그래서 고산병도 없다. 그 높이는 임계점의 작은 표지판인 셈이다. 그 처음 지점이 비록 약하게 느껴질지언정 중요한 전환의 시작이다. 임계의 강도는 점점 더 강해지겠지만. 그것을 느껴야 한다. 삶에서의 그런 임계 초입을 읽어낼 수 있으면 쉽게 망가지지 않을 것이다.

산에서도 이 지점에 들어서면 마음과 몸을 단단히 준비시켜야 한다. 나무와 꽃들이 사라지면 급격히 나타나는 게 고산 증세이니 풍광이 바뀌면 지금보다 더 천천히 걷고 자주 쉬어야 한다. 그걸 의식할 필요도 없을 것이다. 어차피 몸이 먼저 반응할 테니까. 일상의 삶에서도 그럴 것이다. 그러나 늘 반복적으로 되풀이하는 삶이기 때문에 몸에 쌓이는 증세조차 무감각해지거나 무시하게 된다. 몸이 버텨줄 만하니까, 아니 몸이 그렇게 적응해가니까. 그러나 어느 순간 임계점에 다다르면 그 몸도 더 이상 지탱하지 못하고 한꺼번에 무너진다. 나무와 꽃이 고산병을 예방하는 예비약인 셈이다. 평지에서는 그것을 전혀 느끼지 못하고 그저 아름다운 대상으로만 바라보았는데, 그렇게 고마울 수 없다. 삶에서도 그런 증세를 예방하고 덜어낼 비책이 있어야 할 것이다.

풍광은 종일 걸어서 지친 내게 줄타기의 삶을 살지 말라고 타이른다. 누군들 줄을 타고 싶어서 타느냐 따지고 싶지만 여기서는 그저 그 말에만 귀 기울이기로 한다. 그것은 결국 내가 나에게 건네는 충고이기도 할 것이다. 마낭으로 가는 도중의 아름다운 숲길은 그 자체로 힐링 코스다. 그러나 힐링은 환부가 어디인지 정확하게 인식하고 있을 때 가능한 일이다. 자신의 임계점조차 모른 채 불쑥 힐링에만 맡길 일이 아니다. 길은, 풍경은 끝없이 그렇게 묻고 타이르고 도닥인다. 마낭으로 가는 길은 아름다움의 부피만큼 그걸 끝없이 요구하는 길이었다.

풍경은 내가 그 곁으로 가서 말을 걸 때 비로소 말문을 연다. 그것은 풍경의 사립문에서 얻는 대화다. 그저 듣고 간접적으로 본 풍경은 하나의 정보에 불과하다. 공자의 말씀이 다시 변주된다. "들은 것은 잊어버리고, 본 것은 기억하고(혹은 기억만 되나) 직접 해본 것은 이해한다 聽卽振 視卽記 爲卽覺." 풍경은 보는 것이 아니라 거기에 말을 거는 것이다.

• •

익숙함을 내려놓지 못하는 여행은 이미 여행이 아니다.
낯선 풍경에만 취할 게 아니라 낯선 생각을 기꺼이 받아들여야 한다.

나무가 있다는 건 산소가 아직은 제법 남았다는, 자연의 표식이다.
내 삶의 나무 한 그루쯤은 마련해둬야 한다.

풍경은 '보는' 것이 아니라 '읽는' 것이다.
풍경을 읽어낼 때 비로소 풍경은 우리에게 말을 건넨다.
내 삶의 풍경은 무엇인가.

'낯선
익숙함'을

찾아서

단 한 권의 시집도 출간하지 못한 채 죽었지만 하이데거가 "시인의 시인"이라고 칭송한 휠덜린은 신과 자연과 인간의 조화와 합일을 노래했다. 그래서 〈즐거운 삶〉에서 이렇게 노래했다.

친밀한 정경이여! 복판으로

길이 평평하게 꿰뚫어 가고

창백한 달이 떠오르는 곳에

저녁 바람이 불어오며

자연은 간결하게 서 있고

산들이 숭고하게 서 있는 곳에

나는 끝내 집으로 돌아가네.

늘 보는 산이고 자연이다. 풍경의 일부일 뿐 아니라 생각의 부분이기도 하다. '간결하게 서 있는' 자연 앞에서는 나도 간결해질 수밖에 없고 '숭고하게 서 있는' 산 앞에서는 나도 숭고해질 수밖에 없다. 북방계 산수화 양식을 통일한 송나라 시대 화가 겸 평론가였던 곽희郭熙는 산수를 이해하는 것은 생명의 이해와 같다고 했다. 사람은 자연에 머물 때 가장 인간답고 도덕적인데 관직에 나가거나 생업에 종사하다 보면 자연에 머물 수 없으니 방에 산수화라도 걸어두고 마음으로는 그 안에서 소요음영逍遙吟詠하는 것이 필요하다고 했다. 그것은 이상화된 마음속의 산수의 경지다. 그 경지에까지 이르지는 못해도 우리는 자연 안에 머물 때 가장 평화롭고 자유로우며 인격적이다. 곽희의 산수와 횔덜린의 자연은 그런 점에서 상통한다. 그럴 때 자연은 단순한 대상도 풍경의 일부도 아니다. 그것은 내 삶의 한 부분이며 나는 자연의 일부가 된다.

가끔 산에 갈 때면 나무나 풀에게 말을 건다. 일일이 이름도 불러주고 살짝 도닥이며 안부를 묻는다. 번잡한 산행이나 떼로 몰려가는 산행은 그렇게 말을 걸고 안부를 물을 여유가 허용되지 않아서 불편하다. 조용히 그리고 때론 목적 없이 오르는 산길은 그 대화를 만끽할 수 있어 정겹고 풍요롭다. 왁자지껄 떼로 몰려드는 등반객들을 보면 얼른 다른 길로 빠진다. 그들은 오로지 정상을 향해서 오를 뿐이기에 정상을 버리면 실컷 조붓한 길의 정취를 누릴 수 있다.

난 아직도 숫자로만 나타내는 디지털시계보다 시침 분침이 빙빙 돌아가는 아날로그시계가 좋다. 시간을 공간으로 읽어낼 때 비로소 시간의 부피를 느낄 수 있기 때문이다. 나는 '45분'이 좋다. 묘하게도 1시간보다는 45분이, 2시간보다는 1시간 45분에 마음이 더 끌리는 건 1/4(a quarter)의 여백 때문이 아닐까 싶다. 다 차지하고 꽉 차는 건 재미도 없고 답답하다. 지구가 온통 바다였어도, 뭍이었어도 끔찍한 일일 게다. 네 등분의 한 덩어리쯤은 다른 몫으로 남겨둔 탓에 우리는 조화로운 자연을 누린다. 시간도 마찬가지다. 45분은 1시간에 가까이 있으면서도 15분, 즉 1/4의 여백을 허락한다. 그리고 그 1/4과 공존한다. 15분이 세 개 쌓여 45분이 된 게 아니라 45분이 남은 15분을 낳은 느낌이 든다. 다 채우는 건 불가능한 일이다. 그렇게 되면 사람은 미치고 말 것이다.

사랑조차 여백이 없으면 숨 막히는 구속이고 속박일 뿐이다. 그건 충실한 사랑이 아니라 상대를 파괴하는 사랑이다. 뭐든지 여백이 마련되어야 한다. 조금만 움직여도 물이 넘칠까 걱정이지만 3/4쯤만 채우면, 진동을 감지하는 순간 얼른 컵을 들어 고스란히 물을 지켜낼 여유를 얻는다. 그러니 1/4을 남겨두는 건 꼭 필요한 일이다.

여러 개의 감각을 아우르면 일상이 지루하지 않다

연세대학교 청송대가 생각난다. 흔히 '푸른 소나무靑松'를 떠올리기 쉽지만 원뜻은 '솔바람 소리 듣는聽松' 숲길이다. 시각만으로 생각하면 다른 게 '들리지' 않는다. 나무를 '듣는다'는 건 참 섹시하다. 가시적 대상은 때로 보는 것보다 듣는 것이 더 황홀하고, 가청적 대상은 일부러 눈으로 그려보는 것도 때론 즐거운 일이다. 이른바 공감각 혹은 복합감각이라는 건 우리의 감각을 거스르는 것이 아니라 감각을 아우르는 것이기에 훨씬 더 웅숭깊다. 풍경이 전해준 바람은 듣는 것이 아니고 보는 것임을 주말의 산행에서도 새삼 깨닫는다. 여러 개의 감각을 아우를 수 있다면 일상이 지루하지 않을 것이다. 하기야 시인이 그렇게 표현해주는데도 타성적 일상은 시 한 편 제대로 읽지 못하기에 그걸 누리지 못할 뿐이지만.

한 가지 감각에만 함몰되지 않고 최대한 다양한 감각을 열어놓는 것, 그것만으로도 하루의 밀도가 달라질 것이다. 그래야 '삶의 결'을 다듬을 수 있다. 말을 건다는 건 그런 것이다. 오늘 하루 또 묵묵히 걸어야 할 길이 앞에 놓여 있다. 한 번도 가보지 않은 길이지만 낯설지는 않을 것이다. 어제 걸었던 길과 크게 다르지 않을 것이다. 그러니 '낯선 익숙함'이라도 하나하나 누려보면 그것만으로도 족할 것이다. 달라지는 풍경이 중요한 게 아니라 달라지는 내 마음의 밀도가 중요한 것이니. 불가에서 말하는 일체유심조—切唯心造의 경지가 그게 아니고 무엇이겠는가. 그러니 오늘 내가 만나게 될 길은 가벼운 흥분과 기대의 설렘으로 대하면 될 것이다. 지루함이나 피곤함이 아니라 설렘의 온기를 천천히 가슴에 담는다. 그러고 나서 다시 신발끈을 묶는다.

　　오늘은 횔덜린과 곽희와 함께 걷는다. 흘리지 않게 잘 챙기면서.

．．

고독을 즐기는 가장 좋은 방법

● ●

히말라야에서

도서관을
만나다

　　네팔 사람들은 참 축제를 좋아하는 민족이다. 크고 작은 축제가 동네마다, 시간마다 다르게 벌어진다. 축제는 공동체 연대의 힘을 지닌다. 네팔 사람들의 축제에는 신이 빠지지 않는다. 서로의 존재를 부비고 신 앞에서 평등하다는 것을 확인하는 역할을 하는 축제는 그런 점에서 사회적 기능이 뛰어나다. 그들은 그렇게 정지된 듯 보이는 시간들 속에서 영원을 만난다. 이들의 삶은 신과 이웃과 끊임없이 이어진다.

　　그토록 많은 축제에 온갖 정성을 다하는 모습이 외지에서 온 내게는 낯설다. 그게 생산적인 일도 아닐 텐데, 적잖은 비용이 들 텐데, 가난한 살림에 그게 무슨 소용이 있을까 싶어 혀를 차는 건 문명입네 하는 곳에 살던 이들의 편견일 것이다. 그들의 진지한 모습을 보면 결코 그런 타박은 허용되지 않는다. 축제가 박탈되거나 박제된 우리의 삶은 얼마나 피폐한가! 부러워서 한참을 구경하고 있는데 사람들은 그런 나를 보며 수줍게 손을 흔들었다. 아마 함께 어울렸다 가라는 뜻인 듯했다. 시간도 없었지만 내가 그들만의 소중한 축제에 끼어들면 불편할지 모른다는 생각에 마음으로만 고맙게 여기며 합장으로 답했다.

**그 맑은
눈망울들**

마을 끝자락을 빠져나올 쯤 길을 멈췄다. 우리 눈으로야 주도_{州都}인 베시사하르도 소읍처럼 보이니 마낭은 작은 산골 마을처럼 느껴지겠지만 여기에서는 제법 큰 '도시'다. 작은 가게들이 즐비하게 늘어서 있고 롯지들이 어깨를 나란히 맞대고 있으며 시장이 제법 북적대는 게 꽤나 활력 넘치는 마을이다. 그러니 거기에 제법 큰 학교가 있는 건 낯설지도, 예기치 못했던 것도 아니었다. 내가 이곳에서 특별하게 느낀 뜻밖의 장소는 바로 도서관이었다.

이미 베시사하르에 대학까지 있는 것을 보면서 이들에게도 학교는 매우 특별한 곳이구나 하고 느꼈지만, 아주 작은 마을에도 학교가 있는 것을 보고 가난한 이곳 사람들도 예전 우리 부모들처럼 교육에 대해서는 관심이 높은 것을 짐작했다. 어퍼피상에서 보았던 작은 학교는 처음에는 도저히 학교라는 느낌이 들 수 없을 만큼 열악했다. 함석 지붕을 덧댄 초라한 학교는 창문조차 제대로 달지 않아서 그대로 바람이 숭숭 통해 축사畜舍인 줄 알았다. 그러나 그곳에서 초롱초롱 눈빛이 빛나는 아이들이 오무래조무래 길다란 의자에 앉아서 장난도 치고 선생님을 바라보기도 하는 걸 보고, 잠깐이나마 그런 착각을 한 것이 미안했다. 한 꼬마가 가물가물한 낱말을 떠올리려는지 고개를 들고 눈은 천장을 치켜보며 골똘히 생각에 빠져 있던 장면은 지금도 선명하다. 천진무구하면서도 새로운 앎에 대한 진지함과 신기함이 담긴 표정은 아무리 봐도 질리지 않는다.

히말라야에서 도서관을 만나다!

이곳 마낭의 학교는 제법 학교 꼴을 갖추고 있어서 반갑다. ㄷ자로 자리 잡은 교사校舍는 흡사 향교의 그것과 같은 배열처럼 느껴진다. 본관인 명륜당과 동서로 마주한 학사의 배치처럼 가운데 크지 않은 운동장을 끼고 앉은 모습이 의젓하다. 아이들이 학교에 머물기는 이른 시간이어서인지 학생들은 보이지 않고 작은 염소 몇 마리가 신나게 뛰어다니는 게 영락없는 놀이터였다. 학교는 꿈의 공간이다. 아이들의 꿈이 마련되고 그 꿈이 영그는 곳. 이곳의 아이들에게도 학교는 그런 곳이면 좋겠다. 한국의 학교는 꿈이 엉그는 곳이 아니라 공장이 되었다. 욕망을 찍어내는 공장. 교육조차 속도와 효율에만 함몰되어 호기심이나 질문도 박제되고 그저 외우고 푸는 정교한 기계로 만드는 곳으로 전락했다.

가장 반갑고 놀라운 건 도서관이다. 골목길을 거의 빠져나오는데 도서관 간판이 '갑자기' 나타났다. 마을도서관이다. 공공도서관이다. 어찌나 반갑고 고마운지! 안타깝게도 문이 굳게 닫혀 있어서 책이 얼마나 있는지 알 수는 없지만 도서관이 따로 있다는 것만으로도 반갑다. 카트만두의 명문 사립대학에서 본 도서관의 빈약함을 미루어 짐작하건대 책은 그리 많지 않을 것이다. 어쩌면 여러 나라에서 보내준 책들이 더 많을지도 모른다. 하지만 도서관의 가치를 인식하는 것만으로도 미래는 희망적이다. '과거를 보려면 박물관에 가고, 현재를 보려면 시장에 가고, 미래를 보려면 도서관에 가라'는 말은 상징적이다. 나는 히말라야에서 미래를 만났다. 그들의 미래가 아름답기를 기도한다.

도서관 지붕 너머 안나푸르나 능선이 해돋이 붉은 빛을 함초롬이고 있는 모습은 장관이다. 책과 위대한 자연의 조화, 그리고 그 사이의 인간. 어쩌면 그 모습이 우리가 꿈꾸는 진정 아름다운 모습이 아닐까 싶다. 도서관을 끼고 도는 꾸불꾸불한 골목길에는 아직 아침 식사 이전의 녀석들, 혹은 진작 일찌감치 뚝딱 해치운 녀석들이 하하호호

까르르 웃으며 뛰고 있다. 카메라를 들었더니 냅다 골목을 꺾어 도망친다. 녀석들이 비워준 텅 빈 골목을 나 혼자 독차지하며 걷는 행복이 가득하다. 오늘은 일찍 롯지에 도착해서 2층 식당이나 테라스에서 작은 불빛 하나 얻어 조용히 책을 읽어야겠다.

롯지에서도 유럽인들은 테라스에 앉아 틈틈이 책을 읽는다. 그 모습이 부러웠다. 여행지에서 읽는 책은 특별하다. 그 책에는 지은이의 글만 담겨 있는 게 아니라 그곳에서의 풍경이며, 사람이며, 자잘한 사건들까지 담뿍 담긴다. 책 두 권을 가져오길 너무 잘했다. 그걸 무겁다고 타박했다면 여기에서 그 우주를 읽을 수 없을 테니. 저 사람들이 한국어를 안다면 내가 읽은 책을 저 도서관에 두고 가면 좋겠다 싶은 아침이다.

현대인은 고독의 가치를 잃고 산다. 고독은 쓰고 괴로운 게 아니다. 고독은 온전히 내게만 몰입하고 나와 세상이 일대일로 맞서는 상황이다. 그런데 고독을 피한다. 두려워한다. 고립과 혼동한다. 고립은 타의적 고독이라서 괴롭다. 따돌림이다. 그 따돌림 때문에 스스로 목숨을 끊기도 한다. 아이도 어른도 두렵다. 그래서 피하고 싶다. 그러나 고독은 자발적 고립이다. 따라서 고독은 주체적이다. 모든 불필요한 것을 배제하고 오롯이 나 자신에게만 향하는 내밀한 시간이다. 그리고 다시 세상을 전 존재로 대한다. 그것은 시시포스의 운명이고 프로메테우스의 숙명이다. 고독을 잃어버린 인간은 자신을 되찾을 길을 상실한 것과 다르지 않다. 기꺼이 고독을 받아들이고 그것을 즐겨야 한다.

　　도서관이 조용한 것은(물론 도서관이 조용해야 한다는 고정관념도 깨뜨려야 하지만) 모두가 고독을 누리고 있기 때문이며, 고독의 가장 좋은 벗 가운데 하나인 책과 그것을 즐기고 있기 때문이다. 그게 카페와 다른 점이다. 히말라야의 산골 도서관에서 아이들이 그런 고독을 누리는 모습을 보았다면 그것만으로도 오늘 하루는 더 행복했을 것 같다. 그나저나 달랑 두 권 들고 온 책을 천천히 읽어야겠다. 아직 일정이 너무 많이 남지 않았는가. 숨겨놓은 과자 야금야금 먹는 즐거움을 포기할 수는 없으니.

　　언젠가 다시 이 길을 찾아온다면 꼭 그 허름한 도서관 문이 열리는 시간을 기다렸다가 반나절쯤 책 반 권만 읽고 길을 나서면 좋겠다 싶은 생각을 가득 안고 다시 길을 나선다.

여행은 서서하는 독서고
독서는 앉아서 하는 여행이다.
가방에 담긴 책 한 권이
언제나 여행을 가능하게 해준다.

히말라야 산골 도서관에서
해지고 너절한 책들을 읽는 아이들을 상상해본다.
그 반짝이는 눈이 읽어낼
세상의 경이로움은 얼마나 진지할까.

책과 커피,

서로의 사치를
격려하며

"나는 무작정 책이 좋고, 음악이 좋고, 자연이 좋고, 사람이 좋다. 그 모든 것은 나를 살아 있게 한다. 나는 책과 음악을 통해 세상의 아름다움을 배웠다. 그 가르침은 어떤 인생 수업보다 감동적이다. 살다 보면 가끔은 예기치 못한 풍랑이나 태풍을 만나기도 한다. 힘들게 올라간 정상도 한 방의 태풍에 힘없이 미끄러지는 것이 세상사다. 나역시 몸서리치는 외로움과 고통 속을 헤매던 때가 있었다. 그때 음악, 자연, 사람 그리고 책은 내게 말없이 손을 뻗어주었다."

다이애나 홍의 《책읽기의 즐거움》에 나오는 한 구절이다. 솔직히 나는 '독서 전략'을 강조하는 그녀의 '전략'은 마음에 들지 않지만

'무작정' 책과 음악과 자연 그리고 사람이 좋다는 그녀의 태도는 마음에 쏙 든다. 책은 그런 삶의 태도의 한 부분이지 그 자체가 목적은 아니다. 앎 그 자체가 목적이거나 지식의 과시가 속셈인 책 읽기는 빛이 아니라 빚일 뿐이다. 책 읽는 사람이 경계해야 하는 건 바로 책에 대한 맹신이나 과욕이다. 이권우는 《책읽기의 달인 호모 부커스 2.0》에서 그렇게 스스로를 경계한다.

"다만, 최근 들어 내가 경계하는 것은 간서치看書痴, 즉 책만 읽는 바보가 되지는 않을까 하는 것이다. 읽었던 많은 글과 작가의 이야기, 세상의 진보와 따뜻함을 알게 해준 많은 책 속의 만남과 주장은 내가 발 딛고 있는 일상에서 확인하고 실천하는 과정을 거쳐 온전한 나의 것으로 추동되지 않는 한 껍데기에 불과할 터."

내 것으로 추동되지 않는 독서는 머리에서 가슴으로 이어지는 통로를 상실한 책 읽기다. 지식은 축적될지 모르지만 삶은 축적되지 않는다. 책은 무뎌진 내 삶을 성찰하고 삶의 속도와 영혼의 속도를 조절하는 계기판이다. 같은 책에서 던진 이권우의 소박한 고백은 그래서 따사롭다.

"세상에서 느끼는 추위에 지쳤을 때 손을 데울 따뜻한 호주머니가 생각보다 가까운 곳에 있으니 그것은 바로 '책'이다. 이는 남들과 같아 보이는 상황에서 내 자신을 다르게 만들어준다."

그것으로 이미 족하다. 책에 대한 과신도, 과시도 부작용을 낳는다. 단 한 줄의 문장이더라도 그게 내 가슴으로 파고들어 삶의 한 귀퉁이를 마련하면 그것으로 이미 책은 모든 소명을 충분히 실현한 셈이다. 그런 문장 하나 없는 책이 있겠는가. 그러니 세상 그 어느 책도 존재 의미가 없는 책은 없다.

북한산이나 도봉산을 오르다가 슬그머니 옆길로 샐 때가 가끔 있다. 둘레길은 가파른 언덕이나 바윗길이 아니라 오르락내리락 심심하지도 않고 폭신한 흙길이어서 걷는 내내 즐겁고 여유로워 은근히 좋다. 정상에 올라야만 산을 느끼는 것이 아니고 인증 사진이라도 찍어야 산행의 증거가 되는 것도 아닐, 혼자만의 조붓한 산길이라서 더욱 좋다. 나무 그늘 아래 잠시 쉬며 목도 축이고 때로는 길게 누워 낮잠을 짧게 즐기는 사치까지 부릴 수 있으니 금상첨화다.

어떤 때는 일부러 둘레길을 정해서 걷는다. 때로는 산정까지 가는 일이 버겁기도 하거니와 느긋한 기분을 누릴 수 없을 때 둘레길 한 코스 혹은 두 코스를 잡아 천천히 걷는다. 집이 일산인 까닭에 가까운 북한산 9구간 마실길이나 8구간 구름정원길을 자주 걷는 편이다. 이따금 도봉산 둘레길도 찾는다. 특히 18구간 도봉옛길과 19구간 방학동길은 계절별로 늘 다른 맛이어서 좋다. 둘레길은 바쁘지 않아서 좋다. 에너지 소모도 크지 않으니 준비물도 간편하다. 간단한 간식거리에 보온병에 커피 담아가는 것으로 충분하다.

　　이상하게도 내 습관은 컨디션에 따라 차와 커피를 마시는 순서가 정해졌다. 느슨해졌다 싶으면 커피를 마시고 빡빡하다 싶으면 차를 마신다. 그런 순서를 마련하는 건 기분 탓쯤 될 것이다. 밟지 않은 둘레길을 걷다 보면 아무래도 적당히 느슨해지는 탓에 커피가 제격이다. 적당한 나무 그늘이 드리우고 앉을 만한 공간이 있으면 커피를 마신다. 솔향과 커피향이 함께 어우러진다. 신선이 따로 없다.

　　떡 본 김에 제사 지낸다고, 나는 그렇게 앉아 커피를 마시다가 때론 그대로 눌러앉아 배낭에서 책을 꺼낸다. 오던 길 지하철에서 20여 쪽 읽은 뒤편을 이어 읽는다. 묘하게도 공간과 환경에 따라 책 읽는 맛이 다르다. 그걸 비교하며 읽는 맛이 절묘하다. 일단 시동이 걸리면 내가 어디에 있는지 왜 거기에 앉아 있는지는 전혀 생각나지 않는다. 책의 바다에 빠져 여유롭게 유영한다. 둘레길에서 살짝 빗겨난 곳에 앉은 까닭에 오가는 사람들의 방해를 받을 건 없다. 금세 책에서 다양한 인물이 튀어나온다. 그들과 질펀하게 노닐다 보면 시간은 훌쩍 지난다. 커피와 책. 어디서나 괜찮은 조합이다.

언젠가 동해바다가 한눈에 들어오는 카페에서 책 읽는 중년 남성을 만났다. 쉰 살 안팎으로 짐작되는 그는 풍경의 일부가 된 듯 조용히 책을 읽고 있었다. 그냥 앉아 커피를 마시며 창밖 풍경을 보고 있는 남자였다면 그저 그랬을 것이다. 그런데 천천히 책장을 넘기다 창밖 바다를 바라보곤 하며 다시 책으로 시선을 돌리던 그는 바다 전체를 자신의 서재로 불러들여 유적하게 모든 것을 누리고 있는 듯 보였다.

그의 표정은 온후했고 평화로워 보였다. 본디 성정도 그러했을 테지만 책을 읽는 모습이어서 더더욱 그랬을 것이다. 나는 그의 등 뒤편으로 두 테이블쯤 떨어진 곳에 앉아 조용히 커피를 마시며 그 '풍경'만 바라보고 있었다. 바다와 책과 창과 그 남자는 마치 본디부터 하나인 듯 조금도 어긋남 없이 완벽하게 조화로웠다. 30분 넘게 그 모습만 바라보고 있었는데 덩달아 내가 풍요로워진 느낌이었다. 언젠가 다시 그곳에 가서 나도 그 풍경의 일부가 되고 싶었다.

책과 커피는 확실히 멋진 조합이다. 여름에 가끔 찾아가는 서오릉, 그중에서도 제일 끄트머리에 있어 오가는 이들 별로 없는 창릉(예종왕릉)에 자리 깔고 소나무에 기대어 반나절쯤 책을 읽는 맛은 그야말로 '레알급'이다. 그 느린 소요逍遙는 방금 전 읽었던 책의 한 구절을 음미하는 교감이다. 명품으로 온몸을 휘감는 사치보다 나는 그런 사치가 즐겁다. 봄날 어린아이 젖니 돋듯 연두색 잎이 재잘거리면 창경궁

통명전 마루에 걸터앉아 기둥에 기대고 뒤뜰 바라보면서 천천히 책을 읽고 있으면 봄바람이 장난치듯 간질이는 맛 또한 별미 중의 별미다. 마음만 먹으면 쉽게 찾아가 독서의 사치를 극상으로 누려볼 곳이 뜻밖에 많다. 어느 한적한 시골의 간이역에서 어쩌다 한 번 멈추는 느린 기차를 기다리며 책을 읽는 맛 또한 일부러 찾아 누려볼 사치다. 어느덧 나도 그 풍경의 일부가 된다. 기차가 아니라 풍경과 바람만 찾아와 잠시 머무는 간이역은 모든 것이 정지된 느낌이다. 책 읽기에 그만한 곳도 드물다. 도서관 의자에서만 책을 읽을 수 있는 게 아니다.

언젠가 폭설이 쏟아지면 강릉의 바닷가 카페로 달려가 온종일 눈을 게걸스럽게 퍼먹는 바다를 바라보며 책 읽다가 정신 팔려 이미 반쯤 식어도 좋을 커피 한 잔으로 겨울의 사치를 마음껏 누려보고 싶다. 누군가 한 사람쯤 아무 말 없이 책을 보고 있는 사람이 있으면 더욱 어울릴 그런 곳에서. 서로의 사치를 격려하면서.

겁과 비겁 사이에서

고산병을
핑계 삼아

완보緩步로
간다

    마낭을 떠나 틸리초 베이스캠프까지 가는 길은 본격적으로 고산에 적응하는 만반의 준비를 해야 한다. 아직 본격적인 고산 증세를 느끼지 못했기도 하지만 혹여 고산증에 걸릴까 겁이 나서 최대한 천천히 걷고 억지로라도 끼니를 챙긴 터라 조금씩 적응하고는 있었다. 그런데 마낭에서 만난 훤칠한 청년이 손사래를 치며 고산병은 정말 끔찍하더라는 말을 듣고 바짝 겁을 먹었다. 겁이 친구가 되기 시작했다.

    사전적 의미로서의 겁怯은 무서워하는 마음, 또는 그런 심리적 경향을 뜻한다. 경험하지 않은 것에 대한 낯섦에 기대를 가지면 설렘이 되지만 두려움이 앞서면 겁이 된다. 종이 한 장 차이다. 겁은 때론

130

불필요한 만용에 빠지지 않게 하고 신중하게 대처하게 함으로써 뜻하지 않은 위험에서 나를 지켜내는 역할도 하니 마냥 나쁘다고만 볼 수는 없다. 그러나 '겁'이라는 낱말 앞에 접두사처럼 '비卑'라는 말 하나가 붙어서 비겁卑怯이 되면 달라진다. 이 또한 종이 한 장 차이다. '겁이 많다'에 '비열하다'는 의미가 덧붙는다. 비루, 비열, 비굴과 통하는 말이 된다. 비루는 행동이나 성질이 너절하고 더러움을 뜻하고, 비열은 하는 짓이나 성품이 천하고 졸렬함을 뜻하며, 비굴은 용기나 줏대가 없이 남에게 굽히기 쉬운, 특히 자신보다 힘이 센 자에게 의탁하고 자신보다 재산이 많은 자에게 아부하여 부스러기를 꾀하거나 자신을 낮춰 스스로 열등함을 인정함으로써 상대의 기분을 맞추려는 것이니 좋은 뜻이라곤 눈을 씻고 봐도 찾을 수 없다.

겁이 많은 것은 부끄러운 일이 아니나 비겁한 건 창피한 일이다. 물론 살면서 비겁을 겁으로, 겁을 비겁으로 혼동하거나 의도적으로 뒤섞어 써서 내 모자람과 힘없음을 감춘 적도 많다. 단지 그런 경우나 경험이 많냐 적냐, 즉 정도의 문제일 뿐 누구나 어느 정도는 그렇지 않을까 싶다. 그러나 이제는 그 둘은 분명하게 나누고 가리며 살아야겠다.

흔히 청춘은 겁이 없고 나이 들면 겁이 많아진다고 여기는데, 나는 이에 동의하지 않는다. 청춘은 겁이 없는 게 아니라 몰라서 부딪

히는 것이고, 그 과정에서 깨지고 다치며 여무는 것일 뿐이다. 그렇게 깨지고 다치면서 그게 두려워 피하게 되는 건 그 경험의 가치를 스스로 까먹는 일이다. 여물지 못하는 겁은 자연스럽게 비겁으로 바뀌기 쉽다. 그 과정을 생략해버리니 나이 들어가며 비겁해진다.

나이 들어도 여전히 겁은 남는다. 그러나 겁은 해야 할 것과 하지 말아야 할 것을 구분하는 분별력은 갖춘다. 그걸 놓치면 비겁해지기 쉽다. 해야 할 것은 두려워서 하지 못하고 하지 말아야 할 것인데도 힘센 사람 눈치 보느라, 돈 많은 사람 마음에 들고자 알아서 기면 비겁한 것이다. 물론 때론 예전의 경험에서 받은 상처나 트라우마 때문에 머뭇거리고 피하고 싶을 때도 있다. 하지만 그것도 곰곰 따져보면 이미 한 번 겪었기 때문에 미리 방어하고 준비할 수 있으니 그마저도 자산이 될 수 있다. 물론 쉽지는 않다. 하지만 살아가면서, 나이 들어가면서 얻게 되는 지혜는 그것을 분별하고 가리게 해준다.

부끄러운 것은 비겁이지 겁이 아니다

4,000미터 높이에 가까워지니 숨이 가쁘고 틈만 나면 쉬고 싶어진다. 계속 걷기만 하니 생각하는 것도 귀찮다. 쩌우다라(짐을 내려놓고 쉴 수 있도록 만든 쉼터. 네팔인은 선행의 하나로 다른 사람들이 쉬어갈 공간을 공양하기도 한다)에 앉아 설산을 바라보고 있는데 갑자기 굉음이 들

린다. 깜짝 놀란다. 산사태다. 등반길에 산사태를 만나면 죽음을 피하기 어렵겠지만 멀리서 바라보는 산사태는 그것 자체가 장관이다.

　　　이제는 제법 익숙해져서 조금 면역이 된 듯하지만 눈사태를 아주 가까이에서 보고 나니 슬슬 겁이 난다. 그렇지 않아도 이미 앞서 온 길에서 멀리 들린 눈사태 굉음에 슬쩍 오금이 저렸던 판에 무서운 눈사태의 모습을 눈앞에서 직접 바라보니 놀라움은 줄었는데 무서움은 오히려 는다. 멀찌감치 떨어져 안전한 곳에 있어도 예사롭지 않다. 멀리서 보기에도 쏟아지는 눈의 속도는 상당했다. 그러니 막상 코앞에서 그런 일이 벌어진다면 고개 하나 까딱할 시간조차 없을 것 같다. 공포를 느낄 겨를조차 없을 것이다. 그 일이 닥치기 전에 겁이 나는 것이지 막상 닥치면 겁도 나지 않을 것이다. 그렇게 우리는 보이지 않는 일에 늘 두렵고 겁먹는다. 그리고 몇 번 그 겁을 경험하면서 적당히 스스로와 타협하면 나도 모르는 새 비겁의 영토로 넘어간다. 그러니 늘 깨어 있어야 하고 경계해야 한다. 정작 두려워해야 할 것은 모른 척하고, 맞서 싸워야 할 것을 외면하는 비겁을 부끄러워해야 한다.

　　　마거릿 헤퍼넌은 '비겁한 뇌와 어떻게 함께 살 것인가'라는 부제를 단《의도적 눈감기》에서 흥미로운 분석을 제시한다. 똑똑한 사람일수록 '의도적 눈감기'에 더 많이 감염된다는 것이다. 아마 헤퍼넌이 말하는 그것은 겁과 비겁의 중간쯤 될 것이다. 헤퍼넌의 연구는 진화론과 뇌과학의 적절한 콜라보(협업)라 할 수 있다. 그녀는 똑똑한 사람일 수록 눈을 더 잘 감는다는 흥미로운 사실을 알려주면서 그 이유는 진화 과정을 통해 우리 안에 자리 잡은 뇌 행동 패턴의 결과를 마치 자신이 스스로 선택해서 결정을 내렸다고 착각하기 때문이라고 지적한다.

똑똑하다고 자부하는 사람일수록 스스로 모든 것을 알고 통제할 수 있다는 믿음이 확고하고, 눈감게 하는 요소들이 수없이 많음에도 그런 것에 신경 쓰지 않게 된다. 자신이 믿는(아는 것이 아니다!) 것에 사로잡혀 있고 다른 이의 새로운 지식이나 자료 따위에 휘둘리는 존재가 아니라는 강박에 갇혀 있는 것이다. 스스로 상황을 잘 안다는 그 믿음이 자신을 청맹과니의 감옥에 가둔다. 그런 판단은 바로 이전의 지식을 근거로 한 것이 많다. 이런 모순이 어디 있는가. 계곡을 흐르는 물이 깨끗한 것은 바닥의 울퉁불퉁한 돌들 때문이라는 걸 모르기 때문이다.

밥의 욕망에 따르면서도 자신의 선택은 삶의 의무감 때문이라고 치부한다. 물론 그런 합리화쯤도 가끔 뻗대야 이 모순의 세상에서 견딜 수 있다. 하지만 그게 습관이 되면 병이다. 처절한 '밥의 욕망'에 흔들리는 건 겁이지만 '밥의 윤기'에 휘둘리는 건 비겁이다.

어느 시인의 말처럼 매일의 삶은 '보리밥 냄새'에 혹하고 '윤기 흐르는 쌀밥'에 흔들리며 '싸워야 하는 것들과 싸우기보다 주저앉아 무룰 꿇고' 타협하는 일의 연속이다. 하지만 그게 꼭 비겁의 몫은 아니다. 가족을 위해 타협하고 생명을 위해 흔들린다. 그건 본질적으로 겁의 영역이다. 그러나 어느 순간 영토를 넘어 다시 돌아오지 못하면 그때는 비겁의 신민이 된다. 비겁의 목적은 사실 자질구레한 것들이다. 높은 자리, 두둑한 지갑, 멋진 자동차, 화려한 식사 따위에 굽신거리며 자신을 판다. 웃음을 팔고 몸을 파는 것은 차라리 정직하다. 그것은 생존을 위한 최후의 방도인 경우가 더 많기 때문이다. 나의 매일매일도 그런 것들로 가득하다. 그러나 설산의 급작스런 눈사태는 그런 것들이 사소할 가치조차 없는, 그야말로 먼지 터럭만도 못하다는 걸 깨닫게 한다.

약자를 억압하는 게 비겁이다

진짜 비겁한 사람은 힘을 가졌으면서도 약자에게 잔혹하게 구는 사람이다. 자신의 무력함을 감추기 위해 자신의 모든 것을 바치고 심지어 양심을 팔아서까지 얻은 권력으로 자신을 포장하고 위세 부리면서 의기양양 득의만만해 하는 자들이다. 도스토예프스키의 《카라마조프가의 형제들》'대심문관' 편에 나오는 추기경이 바로 대표적 인물일 것이다.

16세기 스페인의 세비야. '신의 영광'을 위해 잔인한 종교재판과 마녀사냥이 열리고 무고한 사람이 수없이 처형된다. 그 학살의 현장에 나타난 예수. 심문관인 늙은 추기경도 그를 알아봤다. 그는 예수를 알아본 민중들로부터 그를 떼어놓기 위해 감옥에 가두고는 한밤중에 어두운 감옥으로 찾아가 예수에게 묻는다.

"정말 당신이 예수요? 대답 말고 가만히 계시오. 난 당신이 누구인지 알지 못하고 알 필요도 없소. 당신은 세상을 떠날 때 당신 사업을 우리에게 인계했소. 그런데 무엇 하러 왔소? 당신은 지금 우리를 방해하고 있단 말이오. 나는 내일 당신을 재판해서 가장 질이 나쁜 죄명으로 태워죽일 작정이오. 이단 말이오. 두고 보시오. 오늘 당신에게 입 맞추던 자들이 내일이면 당신의 몸에 불 붙은 나뭇가지를 던질 것이오."

대심문관은 민중을 자신이 준 빵과 자유를 맞바꾼 존재로 여길 뿐이다. 물질로 복종을 얻어낸 권력자에게 진정한 자유를 설파하는 예수는 불편한 존재다. 그것은 이미 비겁을 넘어 야만이다. 우리 모두는 유혹에 흔들린다. 유혹은 겁이 아니라 비겁의 영토로 이끈다. 욕망은 인간의 본성이 지상에서 받게 되는 온갖 역사적 모순을 한데 모이게 만든다. 그게 바로 비겁의 영토에서 발행되는 여권이다. 그러나 진짜 비겁한 자는 그 여권을 흔들며 지배하는 자, 바로 그 대심문관이다. 대심문관은 욕망의 영토에서 권력을 행사하며 사람들을 억누른다. 그는 교묘하게 인간의 약점을 파고들어 목줄을 죄며 자신의 권위를 지탱

할 뿐이다. 그는 정작 예수를 정면으로 직시할 용기가 없는 존재일 뿐이다. 그게 비겁이다.

결국 비겁은 악마를 따르는 것과 같다. 막강한 힘을 가진 대심문관은 자신이 비겁의 총수이면서 가장 옳고 정의로운 존재로 위장하여 자신의 비겁의 울타리 안에 사람들을 끌어들이고 사람들은 거기에 의탁하면서 자신의 비겁이 돈독한 신념이라는 착각으로 분칠한다. 이렇게 비겁은 늘 우리에게 인지부조화를 유도한다. 그래서 비겁해지면서도 겉으로는 당당하고 마땅히 해야 할 바를 용감하게 수행하고 있는 것처럼 착각한다. 내가 비겁에 빠지면서도 그걸 인정하지 못하는 건 바로 그런 착각을 스스로 만들어내기 때문이다.

배낭을 다시 짊어지고 스틱을 움켜쥐며 무릎을 세운다. 오늘 가야 할 길이 아직 많이 남아 있다. 이른 아침부터 걸어온 길이 생각보다 길지 않다. 숨이 가쁘고 다리가 무거워서 속도는 떨어지고 그러면서도 휴식은 잦아졌기 때문이다. 그래도 천천히 가는 게 고산증에 시달리지 않을 방법이라니 그걸 핑계로 완보로 간다. 갈 길은 멀다. 그래도 꾸역꾸역 가다 보면 저녁 무렵 새로운 숙소에 도달할 것이다. 따뜻한 마늘 수프로 허기와 갈증을 함께 달랠 수 있을 것이다. 지금 내 욕망과 유혹은 휴식이다. 그 정도쯤은 허물일 게 없으니 그 욕망도 달콤하다. 천천히 걷자. 완보緩步에는 완심緩心이 제격이다.

공자는 꼭 해야 한다는 것을 알면서
하지 않는 것이 비겁이라고 말했다.
뜻밖에도 두려움의 대상이 정작 그 실체를 보이지 않을 때
사람들은 더 두려워한다.

그따위 대상은 사실 두려울 것이 아니다.
존재하지 않는 대상을 왜 두려워하는가.
적당한 두려움의 대상을 내 안에 품어야
적당히 타협할 수 있기 때문 아닐까?
두려움의 한계를 인식하지 못했을 때
비겁이 비집고 들어온다.

일찍이 대니얼 디포가 말했다.
위험에 대한 공포는 위험 그 자체보다 천 배나 더 무겁다고.
악은 끝까지 성실하다.
반면 선은 걸핏하면 돌부리에 엎어진다.

비겁은 공포를 빌미로 가장 못난 나와 타협하는 방식이다.
하지만 가장 큰 비겁은 가장 작고 가벼운 일에 대한 합리화의 변명이다.

두려움을
떨치면

축제가
된다

축제라는 말은 듣기만 해도 설렌다. 사전적 의미로 보는 축제란 개인 또는 공동체가 특별한 의미가 있거나 결속력을 주는 사건이나 시기를 기념하여 의식을 치르는 행위를 지칭한다. 그러나 꼭 기념할 것 없어도 때론 같은 뜻, 같은 생각으로 모여 함께 그 의미와 가치를 나누는 것도 축제다. 서양의 언어에서 축제를 지칭하는 'festival'은 라틴어 'festivalis'에서 유래했는데 그 말은 성스러운 날聖日이란 뜻이란다. 그러니 축제는 성스러우며 사회적 통합력을 결속하는 중요한 의사소통의 장치이기도 하다.

현대사회에서는 그런 성스러운 영역이 일찌감치 세속의 영역으로 편입되었으니 그것은 일상을 잠시 멈추고, 즉 의도적으로 단절시키는 일종의 의례적 사건 또는 집단적 상징인 셈이다. 하위징아는 《호모 루덴스》에서 축제를 인간의 유희적 본능이 문화적으로 표현된 것으로 정의했다. 이런 견해를 이어받아 미국의 신학자인 하비 콕스는 "인간은 일상의 이성적 사고와 축제의 감성적 욕망 사이를 넘나들면서 경험과 인식의 지평을 확대할 수 있고, 또 그를 통해서 문화의 발달을 가져올 수 있는 것"이라고 평가했다.

**축제를
되찾다**

그러니 축제는 아무런 두려움 없이(물론 경건함이나 경외심을 가질 수는 있겠지만) 마음껏 인간의 내면과 외면을 넘나들며 지평을 확장시키는 사회적 경험의 마당이다. 사람들이 광장에 모인다. 때론 광장도 비좁아 차도까지 점령하면서 자신의 생각과 뜻을 나누고 증폭시키며 서로 격려하고 연대감을 갖는다. 때론 그것을 시위라 부르기도 한다. 권력자는 제 마음에 들지 않는 시위를 불법으로 간주하며 가혹하게 탄압하기도 한다. 유신 철폐나 군부독재 종식을 외쳤던 집회가 그랬다. 최루탄과 물대포는 애교고 걸핏하면 잡아 가두고 때론 못된 고문까지 했으니 그 모임에 나서는 이들도 속으로는 두려움을 떨치지 못했다. 오직 정의에 대한 신념과 공동선에 대한 굳센 믿음 그리고 올바른 미래를 위한 의지로 뭉쳤을 뿐, 거기에 축제의 즐거움은 없었다. 숭고한 뜻으로 함께 모였으나 애당초 축제는 될 수 없었다. 그 뜻이 관철되고 그릇된 세상이 바로잡혀 함께 기뻐하는 결과를 얻으면 축제가 되겠지만 무자비한 폭력의 노골적 위협 앞에서 우리는 모두 두려웠다. 대의를 믿고 희생의 각오로 나왔지만 두려움이 없을 수 없었다. 그래도 싸웠다. 그리고 거의 대부분 처참하게 깨졌다. 하지만 끝내 승리했다. 비로소 축제가 되었다.

축포를 쏘고 환희의 송가를 부르며 옆에 있는, 생면부지의 사람들조차 거리낌 없이 껴안고 함께 깡충깡충 뛰는 건 분명 축제의 모습이다. 하지만 거기에 모인 사람들은 아직 아무것도 얻은 바 없고 곧 생길 것 같지도 않다. 혹여 예전처럼 탄압의 빌미나 주고 말 뿐일지 모르니 조심스럽다. 그러나 두려움은 없다. 더 이상 인간의 가치와 사회적 정의가 뭉개지고 퇴행하는 것을 참다못한 시민들이 모였다. 어른, 아이 가릴 것 없이 주말마다 모여서 함께했다. 엄동의 혹한과 매서운 바람도 그들이 치켜든 촛불을 끄지 못했다. 사람들의 얼굴에는 두려움이나 불안감이 사라지고 환희와 희망으로 가득했다. 아, 이미 우리는 축제를 즐기고 있었던 것이다. 축제와 두려움, 혹은 축제와 비겁은 양립할 수 없다. 비겁은 악이 원하는 환경일 뿐이다.

그동안 우리는 비겁했다. 누구나 불의에 분노한다. 그러나 정작 그게 내 일만 아니라면 적당히 눈감는다. 저항하다 손해를 보면 그것에 더 분노하는 게 아니라 자신이 거기에 휩쓸리지 않은 것을 다행으로 여기며 자신의 선택을 스스로 기특해한다. 물론 처음에는 미안하고 부끄러워하기도 했지만 몇 차례 반복되면 자연스럽게 인지부조화의 방어벽 뒤로 숨는다. 그렇게 우리는 비겁해졌다. 87년 항쟁으로 잠시 그 비겁이 극복되는 듯했지만 퇴행의 정치는 다시 우리를 비겁과 타협하게 했다.

아스팔트 도로 위에 서는 것은 그렇게 두렵다. 늘 그랬다. 그런데 미국 쇠고기 수입의 졸속 타결과 방역 주권의 포기에 분노했던 이명박 정부 시절의 촛불 집회는 아스팔트 도로 위에서 축제처럼 평화롭고 활력이 넘치는 것을 경험하게 했다. 무려 두 달 넘게 수십만의 시민과 학생들이 참여했다. 그러나 아무런 변화가 없었다. 그러자 적당히 체념하고 아예 정치에 대한 무관심을 택하는 이들도 생겼다. 그 체념과 외면이 박근혜 정권의 타락을 가능하게 만들었다.

박근혜 정부가 과거로 퇴행하며 민주주의 가치와 공정한 경제 가치를 망가뜨리고 짓이기는 것을 보면서 불안했던 시민들은 마침내 그 마각이 드러나자 분노하고 시청과 광화문 광장에 모였다. 손에 손 잡고 촛불을 들고 모였다. 경찰도 더 이상 시민들을 억누르지 못했다.

급기야 청와대 코앞까지 길을 내줬다. 아무도 불법적인 정권과 공권력을 두려워하지 않았다. 연대와 공감의 힘은 거셌다. 시민들은 주말마다 축제를 벌였다. 농담처럼 '주말이 있는 삶'을 보장하라며 너스레 떨면서도 내내 즐거웠다. 두려움을 떨쳐내면 연대는 축제가 된다는 것을 경험한 것은 미래를 위한 소중한 자산이다.

히말라야로 떠나기 전 나 개인적으로는 바쁘고 힘들면서도 보람 있는 나날을 채우고 있었지만 우리 사회는 어둠과 공포의 스산함에 갇혀 있었다. 권력은 은밀하게 때론 노골적으로 정의를 조롱하고 인격을 말살했으며 민주주의 가치를 유린했다. 그러나 악의 실체가 또렷하게 드러나면서 우리는 더 이상 비겁하게 숨지 않았다. 한 마음 한 뜻으로 너 나 가리지 않고 광장에 모였다. 그러나 만용을 부리지 않았고 도를 넘는 광장의 폭력은 엄격하게 견제했다. 그래서 축제가 가능했고 끝내 승리의 축제를 획득했다.

거대한 불의와 폭력 앞에서 혼자 싸우는 것은 어렵다. 두렵다. 그 비겁이 사회를 타락시키는 데 한몫을 했고 우리의 비겁이 악의 세력에는 좋은 먹잇감이 되었다. 1:99의 사회에서 소수의 강자는 약자들끼리 서로 물어뜯게 만든다. '없는 것들끼리' 치고받고 싸우게 하는 것보다 자신의 안위에 유리한 것은 없다. 늘 그래왔다. 앞으로도 그럴 것이다. 더 교묘하게 더 악랄하게. 우리의 비겁과 분열을 미끼로. 저들이 가장 두려워하는 것이 무엇인가? 그것은 99의 연대다. 비겁한 개인은 두렵지만 연대로 뭉친 정의로운 '함께'는 두렵지 않다. 모든 불의와 폭력 그리고 착취에 대해 외면하지 말고 함께 뭉쳐 싸워야 한다. 두려움이 없으면 그 연대 자체가 멋진 축제가 된다. 지난 촛불의 연대는 그 힘을 보여줬다. 우리가 주말마다 축제를 즐긴 것은 바로 그러한 멋진 연대를 통해 비겁과 두려움을 떨쳐냈기에 가능했다.

인간은 축제를 통해 성숙한다. 축제는 가장 행복한 연대다. 두려움과 비겁을 버리고 기쁨과 환희로 가득한 축제는 인격을 회복시키고 공공선을 증진시킨다. 축제가 우리 몫이어야 한다. 그것은 인간의 회복이고 하비 콕스의 지적처럼 "일상의 이성적 사고와 축제의 감성적 욕망 사이를 넘나들면서 경험과 인식의 지평을 확대할 수 있는" 문화적 연대다. 비겁과 두려움은 더 이상 우리 몫이어서는 안 된다. 그것은 우리를 서서히 죽이는 독약이다.

마음을 나누고 서로를 축복하며

나마스테
틸리초!

　　세상에서 가장 아름다운 인사를 꼽으라면 나는 주저하지 않고 '나마스테'를 든다. 그건 내가 네팔에 왔기 때문이 아니다. 네팔에 오기 훨씬 오래전부터 그 인사가 마음에 쏙 들었다. '당신과 당신 안에 있는 당신의 신께!', '당신 안의 신에게 절합니다. 신이 당신에게 준 재능에 경의를 표합니다'라는 뜻보다 심오하고 정겨운 인사가 또 있을까? 온 우주가 머무는 당신의 내면의 장소에 절한다는 이 인사는 그 자체로 전율이다. 손을 모으고 합장하는 것은 내 모든 염원을 그대로 담아 상대에게 전하는 공경이며 존중이다.

　　나마스테 인사는 할 때마다 행복하고 받을 때마다 기쁘다. 그

러니 하루에도 수십 번 그 인사를 들을 수 있다는 것만으로도 네팔에
서의 나날은 즐겁다. 물론 여행자의 눈에만 그렇게 보일 수 있고, 자칫
그런 감상으로 그들의 삶의 피폐함을 퉁치는 것은 아닐까 하는 우려도
있다. 하지만 그런 셈을 넘어 본질을 볼 수만 있다면 기쁘고 즐겁지 않
을 수 없다. 나는 그들이 허둥지둥 혹은 건성으로 나마스테 인사를 건
네는 걸 본 적이 없다. 늘 정중하고 진지하게 합장으로 대한다. 그러면
내 영혼이 고결해지는 느낌이고 그의 축복이 고마워 나 또한 그를 진
심으로 축복하고 그의 신에게 감사함을 느낀다. 그런 교감은 우리 일
상에서 흔치 않다. 그런데 이들에게는 그게 일상이니 그들은 신과 하
늘에 가까이 살고 있다. '나마스테'는 그런 자연 안에서 샘물처럼 저절
로 길어지는 것인 듯하다. 단순한 '따뜻함'이 아니다. 대자연 앞에서 겸
손한 자기 성찰이 주는 온유함이다.

　　티베트 사람인 롯지의 주인은 이른 새벽 여행자들의 아침 식사
를 준비하려고 집 앞의 작은 텃밭에서 자잘한 푸성귀를 따다가 현관문
을 나서는 나를 보더니 조용히 굽혔던 허리를 펴 공손히 나마스테 인사
를 전한다. 그러더니 잠깐만 기다리라며 대문 앞에 향을 피운다. 제단
에는 향을 피우고 나왔을 텐데 텃밭 일 때문에 미처 대문 향을 피우지
않았다며 미안해하는 주인의 수줍은 변명이 따사롭다. 향을 피워 집과
가족, 그리고 방문자와 행인 모두를 강복하는 것이 그들의 일상이다.

타인에게 복을 기원하는 것만큼 아름다운 것도 드물다.

그가 아침으로 내놓은 귀리 오트밀이 유난히 맛났던 건 아마도 새벽 그와 나눈 인사 덕분일 것이다. 귀리가 아삭 씹히는 맛도 제법 좋다. 식사를 마치고 커피 한 잔의 짧은 휴식을 맛보며, 아침에 일어나자마자 축복할 사람을 떠올려보는 것도 좋겠다는 생각이 든다. 아침 문을 열고 정면으로 펼쳐진 안나푸르나의 장관을 보았을 때의 기쁨보다 나에겐 수줍음 많고 예의 바른 주인의 따뜻한 인사와 그가 마련해준 향이 더 좋았다. 간밤 지붕을 거세게 두드리던 비도 멈추고 맑은 하늘을 드러내준 것에도 축복을 느낀다. 마낭을 떠나면서 초원 뒤로 보이던 마나슬루의 위용도, 맞은 편 병풍처럼 펼쳐진 강가푸르나의 아름다움도 그 축복의 일부인 듯 새삼 다시 느낀다. 스노우랜드 롯지의 점심이 너무나 짜서 고스란히 굶고 미숫가루로 겨우 버텼던 끔찍한 기억조차 새벽이슬처럼 사라진다. 나마스테 히말라야, 나마스테 안나푸르나!

걸음 하나에 목숨 걸어본 적이 있었는가

틸리초를 향해 출발하는 발걸음이 설레기도 하고 두렵기도 하다. 높이도 높이지만 온통 쇄석인 사면에 고작 한 사람만 지날 수 있는 좁은 길을 건너야 하는데 결코 만만하지 않단다. 하지만 진정 가치 있는 일은 기꺼이 그 값을 치러야 한다. 가이드는 일정을 고려하면 야크 카르카에서 토롱 페디를 거쳐 하이캠프로 치고 올라가 거기에서 하루를 묵고 새벽에 소롱빠(토롱 패스Thorung Pass인데 현지인들의 발음을 들으면 '소롱빠'로 들린다)를 넘어야 한다고 몇 차례나 강조했다. 하지만 틸리초는 꼭 봐야 한다는 지인의 당부가 머릿속에서 떠나지 않아 다소 무리가 된다는 걸 알면서도 욕심을 내었다.

짐작은 했지만 틸리초 가는 길은 결코 만만하지 않다. 다리가 후들후들 하는 구름다리를 건너는 건 일도 아니다. 가파른 쇄석 사면에 겨우 발 하나 디딜 만큼만 길을 냈는데 위로도 아래로도 족히 수백 미터는 될 급경사여서 만에 하나 발 한 번 삐끗 잘못 디디면 목숨을 잃을 수도 있는 공포가 도사리고 있다. 평생 걸었던 길 가운데 가장 진땀나고 위험한 길이었다. 스틱으로 찍으면서도 혹여 균형을 잃거나 엉뚱하게 헛짚거나 너무 깊이 박혀 기우뚱하면 어쩌나 싶어 초긴장이다. 일단 들어선 길은 되돌아가기도 버겁고, 중간에 맞은편에서 오는 사람이라도 만나면 누군가는 스틱에 의지해서 쇄석 즐비한 경사면에 잠깐 피해야 하는, 그야말로 진퇴양난의 길이다.

한 번이면 족하련만 그런 길이 다시 이어진다. 쇄석 사면이 아니면 바위를 깎아 인위적으로 낸 좁은 길이어서 영화 〈인디아나 존스〉가 저절로 떠올려지는 상황이다. 이미 고도는 4,500미터쯤 되어 숨은 가쁘고 걸음 하나 옮기는 것도 힘든데 놀랍게도 극도의 긴장은 그런 고통마저 잠시 잊게 한다. 그 험로를 마치고 다시 가파른 길을 계속해서 올라가야 한다. 에너지는 거의 바닥 났고 바람은 거세 몸은 덜덜 떨리는데 구름은 오락가락 하더니 이내 짙은 안개로 변해 불과 몇 십 미터 앞도 제대로 보이지 않는다. 맥이 풀렸다. 틸리초 호수가 제 모습을 온전히 보여주는 건 일 년 중 며칠 되지 않는다던데, 위험을 지나오느라 온몸의 기가 다 빠진 상태에서 과연 수백 미터를 더 올라가야 하는가에 대한 회의를 지울 수 없다.

그래도 건너온 험로가 억울해서라도 짙은 안개에 가린 호수일지라도 그 물가 근처에는 가봐야 할 것 같은 오기가 포기를 거부한다. 그렇게 올라선 언덕에는 바람이 엄청나 체온이 뚝 떨어진다. 에너지는 소진되고 몸은 차가워지니 두려워지기 시작한다. 얼른 오리털 파커를 꺼내 윈드 재킷 안에 덧입는다. 다행히 안개는 서서히 걷히고 있다. 잘하면 호수의 얼굴을 볼 수 있을 것이다. 그렇게 호수를 만났다!

그런데 얼마나 실망스러웠는지, 그 호수에 꼭 가봐야 한다고 단단히 일렀던 이가 야속했다. 커다란 물웅덩이 같은 작은 호수뿐이다. 맥이 탁 풀린다. 겨우 저걸 보려고 여기까지 힘들게 왔던 것인가. 그 실망이 겨우 남아 있던 힘마저 완전히 빼앗아 한 걸음도 옮길 수 없게 만든다. 그런데 이상하게도 사람들은 계속해서 앞으로 나아간다. 주변에는 그저 너럭바위만 즐비하게 깔린 고원뿐이다. 도대체 저들은 어디를 향해 가는 것일까? 고개를 들어보니 틸리초 호수까지 200미터쯤 남았다는 표지판이 눈에 띈다. 그러면 그렇지! 다시 힘이 솟는다.

그 200여 미터까지 가는 데 옮기는 발걸음은 마음과는 달리 천근만근이다. 허기와 급격히 떨어진 당, 견디기 어려운 호흡곤란이 겹치면서 최악의 걸음이 된다. 그래도 한 걸음씩 옮긴다. 바람은 거세지만 그 덕에 순식간에 안개가 걷힌다. 그러면서 눈앞에 펼쳐진 장관이란! 도무지 벌어진 입을 다물 수 없다. 5,000미터 넘는 곳에 호수가 있을 것이라고는 상상도 못했지만 그 아름다움과 크기는 도저히 말로 표현할 수 없다. 사방으로 설산이 둘러싸고 물가에는 눈 벽이 버티고 있다가 갑자기 쿵 하고 물속으로 떨어진다. 게다가 그 물빛이라니! 비취색 그대로 물이 머금은 빛깔은 어떤 물감으로도 표현해내지 못할 것이다. 왜 이곳이 꿈의 호수인지, 왜 그렇게 험하고 위험한데도 반드시 가고 싶어 하는지 단박에 알 수 있다.

산소가 희박한 그곳에서 가장 힘든 일은 사진 찍는 일이다. 카메라를 꺼내 눈높이까지 올리는 게 그리 힘든 일이라곤 상상도 못했다. 힘들게 카메라를 들어도 가빠진 호흡 때문에 셔터를 누르는 것도 힘들다. 하지만 그 장관을 담아가지 않으면 두고두고 후회할 일이기에 셔터 한 번 누르고 한 번 쉬고, 다시 힘들게 카메라를 들어 앵글을 맞추는 일을 접을 수 없다.

잠시만 한눈팔아도 치명적이라는 건 달갑지 않다. 매순간을 그렇게 빡빡하게 살 수는 없다. 그러나 따지고 보면 우리 삶의 매순간이 그런 것들이다. 다시는 돌아오지 않을 시간이고 사건이다. 그런데 일상적이어서 놓치거나 가볍게 여길 뿐이다. 틸리초 호수가 얼마나 대단하기에 자칫 목숨을 요구할지도 모르는 길을 가게 만들었을까? 분명히 그만한 가치가 있음을 알기에 간다. 그대에게 가는 길 또한 그대가 얼마나 대단한지를 상징하는 것이라 여기면 그대가 어찌 소중하지 않을 수 있겠는가. 시시하게 살지 않아야 남도 그대를 시시하게 대하지 않을 것이다. 소중하고 귀한 것은 결코 쉽게 얻을 수 없고 쉽게 얻어서도 안 된다. 그러니 허투루 살 수 없다.

벅찬 감동은 쉬 사위지 않는다. 돌아서는 발길이 도무지 떨어지지 않는 건 방전된 몸 탓이 아니라 어쩌면 평생 다시 오지 못하고, 설령 다시 온다 하더라도 오늘 같은 행운의 장면을 만나지 못할지 모르니 자꾸만 눈에 담고 싶은 까닭이다. 그 전경을 깔끔하게 볼 수 있었다는 것만으로도 얼마나 행복한 일인가! 그런데도 욕망은 행복을 앞지른다.

함께 갔던 사람들도 다 똑같은 느낌이었나보다. 한동안 말이 없다. 그 엄청난 장면이 조금이라도 머릿속에서 흩어질까 봐 최대한 말을 아낀다. 다시 되밟아야 하는 험로가 여전히 두렵지만 틸리초 호수를 본 이상 그마저도 걱정되지 않는다. 되돌아오는 길 내내 틸리초 호수의 모습이 떠나지 않는다. 엄청난 크기의 보석을 만난 여인이 느끼는 감동조차 틸리초의 흥분에는 조금도 미치지 못할 것이다. 되돌아가는 길의 공포의 길도 두렵지 않게 건널 수 있었던 것도 틸리초의 감동 덕분이다.

**모든 사람,
모든 것에게
나마스테!**

롯지로 돌아오니 비로소 모든 긴장이 풀려 발코니에 주저앉는다. 손 하나 까딱할 힘도 없어서 스틱도 내동댕이치고 배낭을 맨 채 그대로 뻗는다. 해는 이미 자취를 감추고 롯지 마당엔 어둠이 드리운다. 숨을 헐떡이며 쓰러진 채 그대로 뻗어 있는 나를 본 산장의 주인이 합장하며 아침처럼 다소곳하게 '나마스테!' 인사를 건넨다. 아침에 길을 나설 때 틸리초의 축복을 맛보라고 기원해줬던 주인장이다. 틸리초의 모습을 온전히 보고 온 것만으로도 내 일생의 복을 누렸다며 자기 일처럼 기뻐한다. 1년 중 틸리초 호수를 온전히 볼 수 있는 날은 계절로는 봄과 가을뿐이며 고작 45일 정도뿐이란다. 아침 향을 피면서 우리의 무사 귀환을 축원하였다며 신에게 감사한다고 말한다. 정작 그의 신에게 감사할 것은 그가 아니라 바로 나 자신이다. 그러나 그는 기도가 응답되었다며 자기 일처럼 기뻐한다. 그렇구나. 무사히 틸리초에

간 것도, 가장 완벽한 모습의 틸리초를 볼 수 있었던 것도 그가 건넨 따뜻한 인사 덕분이었구나. 오늘 틸리초의 장관을 그대로 경험하는 엄청난 행운을 얻은 것은 바로 축복과 기도 덕분이다. 그게 누구의 신이건 어떤 신이건 무슨 의미가 있는가.

누군가를 축복한다는 건 참으로 고귀한 일이고, 인간만이 할 수 있는 혜택이다. 그런데도 그런 혜택을 제대로 누리지 못하고 살았다. 그 축복의 기원은 그저 말로만 하는 '신에게의 청탁'이 아니라 자신의 존재를 온전히 투사하는 청원이다. 그 청원에 어긋나지 않게 삶을 정화해야 한다는 의무가 따르지 않는 축복은 그저 입놀림일 뿐이다. 따라서 축복의 기원은 아무 셈 없이 오로지 상대를 위한 기도며 축원이다. 누군가를 위해 그런 축복의 기도를 진심으로 전력으로 하는 경우가 생각보다 많지 않다. 나는 롯지의 주인장에게서 그것을 느낀다. 그리고 부끄러움도 느낀다.

마낭에서 만났던 젊은 친구와의 짧았던 해후도 새삼 떠올랐다. 그는 내가 갈 길을 이미 반대편에서 걸어왔고 나는 그가 앞으로 걸어가야 할 길을 걸어왔다. 그러니 우리 둘이 합치면 그대로 루트 전체가 되는 셈이다. 서로 걸어온 길에서 겪은 일, 조심할 것, 꼭 봐야 할 것 등의 정보를 교환하며 빗속에서 우리는 서로 남은 여정에 축복을 빌었다. 그가 다시 나를 볼 일도 없을 것이고 나 또한 마찬가지다. 그런데도 우리는 진심으로 서로에게 축복을 기원했다. 그야말로 아무런 셈 없는 순수한 축복이다. 타국, 그것도 히말라야 그 긴 길목에서 우연히 만난, 서로를 전혀 모르는 사이인데도 마음 깊이 그의 무사 귀환을 기원했다. 보이는 곳에서건 보이지 않는 곳에서건, 아는 사이건 모르는 사이건 우리는 그렇게 누군가와 마음을 나누고 서로를 축복하며 살아간다. 그런 축복의 교환이 삶을 버티게 한다. 그 교환의 힘이 바로 자연스럽게 연대로 이어진다. 그렇다. 축복은 바로 연대의 시작이다. 그걸 잊고 살았다. 연대의 바탕에는 따뜻함과 존경이 깔려야 한다. 그걸 선언이나 이념으로만 외치니 공염불이 된다.

　날이 맑았으면 휘황하게 별들이 쏟아질 텐데 밤만 되면 흐려지고 비가 내리는 통에 아직 한 번도 별을 보지 못했다. 달력으로는 분명 우기가 끝났지만 자연은 결코 인간이 정해놓은 눈금대로 움직이지 않는 법이다. 별이 보이지 않으면 어떠랴. 오늘은 틸리초로 이미 충분한 것을. 나마스테 틸리초!

'사랑한다'는 말을 습관처럼 되뇌는 것보다
조용히 건네는 따뜻한 손길이
더 큰 사랑일 때가 있다.

누군가에게 언제나 돌아와 쉴 수 있는 사람이라면
그것으로 족하다.

생각이 다르고 신념이 달라도
모든 사람은 똑같다는 생각은 억지로 만들어지는 것이 아니라
아무리 저항해도 어쩌지 못하는
거대한 힘 앞에 서면 저절로 우러난다.
우리가 틈나는 대로 자연을 찾아야 하는 건
그 때문이다.

자연,

그 따뜻함의
원형

비가 내린다. 지금까지는 주로 밤에 내리던 비가 저녁부터 제법 굵은 형태로 쏟아진다. 피곤에 지쳐 카페에 가는 것도 포기하고 창가에 우두커니 앉았다. 아무 생각 없이 창밖의 비가 내리는 모습에 흠뻑 빠지는 즐거움이 얼마만인가. 평소에는 비가 내리면 엊그제 세차한 차가 먼저 떠오르거나 다음날 나서야 하는 길의 불편함이 먼저 마음에 걸렸다. 그러나 아무것도 할 게 없는 이 저녁 온전히 그 비의 리듬에 모든 것을 맡긴다.

"조용히 비가 내리는 가운데 이런 생각에 잠겨 있는 동안 나는 갑자기 대자연 속에, 후드득후드득 떨어지는 빗속에, 또 집 주위의 모든 소리와 경치 속에 너무나도 감미롭고 자애로운 우정이 존재하고 있음을 느꼈다. 그것은 나를 지탱해주는 공기 그 자체처럼 무한하고도 설명할 수 없는 우호적인 감정이었다."

헨리 데이비드 소로의 감정이 충분히 전해진다. 위대한 자연 운운할 것도 없다. 이 짧은 순간 빗방울에서 나는 자연의 흐름을 느낀다. 소로의 표현을 빌자면 '분에 넘치게 신의 총애를 받는 느낌'이다. 소로는 월든의 작은 호숫가를 걸으며 두 평 남짓의 오두막에서 많은 것을 성찰했다. 그가 월든으로 들어간 것은 자연의 원형 속에서 온전하게 자신과 삶 그리고 세상을 바라보고 싶었기 때문일 것이다.

어렸을 때 내가 가장 좋아하던 건 장마철 마루에 앉아 한없이 쏟아지는 작달비를 하릴없이 바라보는 일이었다. 무더위를 식혀줄 장맛비의 시원함도 좋았지만 그 어린 나이에도 하늘과 땅의 빈 공간을 채우는 것이 있다는 게 신기했다. 그 빈칸을 채우는 비는 그 자체로 위대했다. 햇빛이나 바람도 대기를 채우겠지만 그것은 눈으로 볼 수 없다. 그에 반해 비는 눈에 그대로 보일 뿐 아니라 소리까지 얼마나 섹시한가!

무위당 장일순 선생을 아는 이들은 그리 많지 않은 듯하다. 원주를 중심으로 활동하신 까닭에 중앙 중심의 우리 풍토에서는 주목받지 못한 까닭도 있다. 그는 1970년대 반독재 투쟁의 사상적 지주 역할도 했지만 그의 진면목은 1980년대 자연과 생명에 관한 사상운동에서 드러났다. 노자와 동학사상에 능했고 서예에도 뛰어난 그의 글은 그림만큼이나 담백하면서도 결기가 또렷한, 살아 있는 숨결이다. 그래서 가끔 삶이 진부해지거나 타성에 빠질 때 나는 그의 책을 읽는다.

"생명의 진수가 물질 하나에 다 있다 이 말이야. 그래서 성경에도 하느님은 무소부재無所不在하시다는 말이 있지. 또 불경에서는 뭐라고 했느냐. 터럭 하나 속에도 헤일 수 없는 부처님이 계시다고 했어요. … 그렇게 따지고 보면 터럭 속에 전 우주가 있는 것 아니겠어요? 우리는 바로 이 도리를 체득해야 해요."

1991년 2월에 있었던 가톨릭농민회 제21차 대의원총회 강연에서 그가 했던 말이다. "좁쌀 한 알 속에도 우주가 있다"는 장일순 선생의 말은, 생명의 진수가 물질 하나에도 다 들어 있다는 말이다. 그는 만년에 일속자一粟子, 즉 '좁쌀 하나'라고 자호自號를 지었다. 좁쌀 하나에도 우주가 들어 있는데 어찌 다른 것에 우주가 없으며 하물며 사람에게 우주가 없겠는가. 불경의 가르침 또한 그렇지 않은가. 그런데도 자꾸만 밖에서 그리고 거창한 것에서 고작 작은 의미와 가치를 찾는다.

그렇게 우리는 자기 집착에 빠져 엄연한 사실을 망각하고 자멸의 위기를 자초한다.

그깟 잠깐의 권력이 뭐라고 정의를 우롱하며 권력자에 기생하고 아부하며, 그깟 돈이 뭐라고 한 뼘의 면적을 얻기 위해 남을 착취하는지, 그깟 명예가 뭐라고 온갖 지식으로 자신을 치장하는지. 그래봐야 좁쌀 하나만도 못하다면, 그 안에 우주가 있음을 모른다면 그저 공허한 한 줌의 삶에 불과할 뿐이다. 물론 권력, 재력, 명예의 욕망을 탓할 건 아니다. 다만 과유불급을 경계해야 하고 중용의 미덕을 찾아야 한다. 최고 권력을 차지한들 고작 5년에 불과할 뿐인데 권력에 취해 민주주의를 유린하고 정의를 조롱하여 시대를 퇴행시키면 역사에 죄를 짓는 것이다. 그 권력에 기생하여 지푸라기 권력을 얻은들 그것을 묘비명에 쓸 것인가.

호연지기란 수컷의 마초성을 드러내는 따위의 저급한 게 아니다. 진짜 호연지기는 좁쌀 한 알에서 우주를 찾아내는 것이다. 자연은 모자람도 넘침도 없다. 살아오면서, 나이 들면서 깨닫는 고마운 지혜 가운데 하나는 불필요하게 과분한 것에 집착하지 않는 자유다. 그 자유를 자연에서 배우고 얻는다. 그 자유는 단순한 해방이나 다운사이징이 아니다. 너그럽고 따뜻해지면서도 중요한 일과 가치에는 집중할 수 있는 조절의 능력을 키운다. 소로가 말하는 '우호적 감정'이 바로 그런

'따뜻함'의 본질일 것이다. 작은 나무 그늘에서도 신으로부터 선택된 고독, 그것이 빚어내는 자유로움을 누릴 수 있을 때 삶은 얼마나 신비로울 것인가.

소로가 월든의 호수에 살면서 신과 천국에 가까이 있다는 일체감을 느꼈을 때 비로소 그의 손바닥에는 호수의 물과 모래가 담겼다. 그게 좁쌀 속의 우주를 발견하는 것이며, 그 호수의 가장 깊은 곳에 생각은 가장 드높게 떠올랐을 것이다. 그 일체감은 모든 부조화와 무용성마저 뛰어넘어 '진정한 부를 즐기는 가난'의 기본 조건을 충족한다. 그 가난은 겸손을 불러오고 따뜻함은 겸손의 어깨에 기대어 있다.

단순함이 주는 미덕

결핍이
주는

즐거움

산소의 부족은 생각마저 차단한다. 생각한다는 게 많은 산소를 소비하는 것이라는 말을 들었을 때는 그저 웃고 말았지만 여기서는 온전하게 실감한다. 이런 절대 부족과 결핍을 온몸으로 느낀 적은 없다. 사는 게 늘 피곤하고 힘들며, 욕망에 비해 늘 모자라다고 느끼는 결핍으로 채워지는 것이지만 그걸 몸으로 느끼는 일은 별로 없다. 하지만 여기서는 결핍이 그대로 몸으로 전해온다.

하이캠프까지 오르는 길은 쉽게 갈 줄 알았다. 이미 틸리초 호수를 오가는 길에 그 정도의 고도는 경험했기 때문에 그럴 것이라고 자신했다. 하지만 그건 오산이었다. 그저 높이에 따라서만 결핍이 정해지는 것은 아닌 모양이다. 그렇다고 여기에서 필요 이상의 산소를 소비한 것은 아닐 터, 몸이 지쳐서 그런 것인지도 모른다. 내 몸이 부족하면 몸 밖의 것이 부족하다고 느끼는 모양이다. 갈증도 훨씬 더 심하다. 산행에서 이렇게 목마른 적도, 이렇게 물을 마셨던 적도 없었다. 산소 때문에 물이 더 필요한 듯하다. 물이 산소와 수소의 결합물인 것을 화학식으로는 배웠지만 물에 산소가 있다는 것을 몸으로 느낀 적은 없다. 일상에서 느끼지 못하는 것을 여기에서는 하나하나 다 겪어야 한다. 무감했던 것들을 깨닫기만 해도 삶의 양태가 달라진다는 것도 깨닫는다.

이런 상황에서는 극단적으로 단순해져야 한다. 몸의 움직임도 최소한으로 단순화시켜야 하고 사고도 극단적으로 단순하게 작동되어야 한다. 발걸음은 이미 거기에 순응했다. 지면에서 가능한 한 가까이 떨어지며 이동한다. 조금만 발을 높이 들어도 그만큼 숨이 가쁘다. 결핍은 모든 것의 단순화를 요구한다. 이 상황에서는 오로지 '단순함' 그 자체에만 몰두한다. 극단적 단순함이다. 마음 같아서는 배낭도 집어던지고 싶다. 시계를 찬 팔도 힘들어하는 듯하여 재빨리 풀어 배낭에 넣는다. 물에 산소가 있으니 그거라도 마시면 낫겠지만 물의 무게 때문에 딱 필요한 만큼만 담았으니 마음껏 물을 마시는 것조차 호사다.

엊그제 틸리초 피크로 넘어오기 전 머물렀던 야크 카르카의 롯지에서 점심 때 강한 햇살이 쏟아지자 너 나 할 것 없이 모두 빨래하느라 정신이 없었다. 며칠 동안 빨래가 밀렸지만 늘 아침에 떠나 저녁에 롯지에 도착하는 강행군 탓에 빨래할 틈이 없었는데 모처럼 오후에 출발하면서 얻은 여유에 때마침 쏟아지는 햇살을 보니 거의 반사적으로 빨랫감을 꺼냈다. 흥미로운 건 아무 생각 없이 자동적으로 빨래를 했다는 점이다. 따사로운 햇살을 받아내며 느긋하게 커피 한잔할 생각도 들었음직 했으련만. 그게 단순함이 주는 미덕이지 싶다.

빨래를 널자마자 그 뜨겁던 햇살이 사라졌다. 난감하고 야속하다. 우리가 과연 무엇을 정확히 예측할 수 있을까. 그래도 야속한 마음을 읽었는지 해는 문득문득 구름을 가리고 제 낯을 보이며 적당한 자비를 보시한다. 그 보시만으로도 마음은 부자가 된다. 결핍의 반대말은 충분이 아니라 불만족이라더니 들락날락하는 햇살조차 고맙고 행복하다. 아마도 행복의 반대말은 불행이 아니라 지속적 욕망일 것이다.

사람만 그런 건 아닌 것 같다. 야크 카르카 롯지의 개는 평화롭다. 생김새는 김홍도의 '투견도'에서 방금 튀어나온 듯한 모습에 덩치가 엄청나 긴장했는데, 이 녀석의 눈빛에는 어떠한 적의도 결핍도 없다. 도회의 반려견들은 주인에게 엄청난 사랑을 받지만 타인은 늘 경계하고 긴장한다. 늘 무언가를 갈구하는 눈빛이다. 그 개들에게는 무관심이 아니라 과잉의 관심이 애정의 결핍을 느끼게 한다. 그런데 이 녀석은 제가 먼저 무관심하다. 불러도 슬쩍 바라만 볼 뿐이다. 아무런 경계도 없다. 오가는 이들이 많은 롯지의 개라서 그런 탓도 있겠지만 이 녀석은 관심의 과잉에 그다지 마음을 두지 않는 성정을 지녔는지도 모른다. 그건 착하다는 것과는 다른 느낌이다. '착하다'는 말을 싫어하는 사람의 심리에는 늘 손해본다고 느껴 갖게 되는 일종의 방어기제가 있기 쉽다. 외로운 높은 산의 롯지에 사람들이 오면 얼마나 올 것인가. 외로움이 지겨우면 사람들을 일부러라도 쫓아다닐 텐데 그 녀석은 사랑을 갈구하지 않는다.

　　　같은 이치로 결핍의 과잉 또한 문제가 될 수 있겠다. 그렇다고 적절한 과잉이 있고 또 알맞은 결핍이 있는 걸까? 고산병 증세는 문명 세계에 살았던 사람들이 겪어야 하는 통과의례와 같은 것이다. 저지대 사람의 폐와 심장의 사소함을 느끼게 하는 의례와 같다. 그 통과의례를 겪으면서 그간 누렸던 과잉을 덜어내고 결핍을 감내함으로써 균형을 갖추게 하려는 자연의 섭리다. 그것은 단순화의 과정이다. 이 단순화의 과정을 통해 비로소 삶의 본질을 깨닫는다. 본질은 단순한 것이다. 오컴의 면도날을 하이캠프에서 실감한다. 불필요한 곁가지를 잘라내야 나무의 본질과 전체 모습을 볼 수 있다.

내일 새벽 출발을 위해 일찌감치 자러 가겠다던 청년이 이내 돌아온다. 숨이 차서 도저히 잘 수가 없단다. 은근히 불안했다. 그런데 청년들은 삼삼오오 모여 앉아 위성 TV를 본다. 인도어를 모르는데도 뭐가 그리 재미있는지 킬킬대며 본다. 그 모습을 바라보면서 어퍼피상에서의 라마승들의 독경 소리가 떠올랐다. 그들의 글자도 말도 하나도 아는 게 없는 나로서는 그걸 알아들을 수 없는 게 당연한 일이다. 그런데도 그 독경의 내용이 공명되는 것은 단순히 그들의 표정이 진지하기 때문만은 아니었다. 낯선 언어가 주는 생경함이 아니라 언어를 배제한 채 살아 있는 생명체가 낼 수 있는 가장 경건하고 진지한 소리라는 점에서 깊이 느끼고 심지어 감동할 수 있었다. 그건 어쩌면 가장 단순한 종교심의 체험일 것이다. 설령 그게 종교적이지 않은들 또 어떠랴. 신심이면 족하다. 티베트 언어를 몰라서, 불경을 모른다고, 라마승에게 대독하게 한다고 종교적이지 않은 것은 아닐 것이다. 그들의 독경 소리는 바로 그 요체를 깨닫게 하는 신비한 힘을 지녔다.

그런 점에서 때론 모국어가 반가울 수도 있지만 불편할 수도 있음을 느낀다. 굳이 대화를 위한 것이 아니라면 어느 언어라도 그 발성과 안에서 끌어올려지는 울림이 그 본질을 그대로 느끼게 해준다. 그것 또한 결핍이 주는 즐거움이다. 부족하니 깨닫는 게 많아지는 건 하이캠프의 소득이다. 단순해질 일이다. 더 단순해질 일이다.

진정 단순하기 위해서는 뛰어난 직관과 영감으로 무장해야 한다.
그것은 응축이고 일종의 방정식이다.

단순함을 획득하기 위해서는 끝없이 자신을 단련해야 한다.
단순함이란 자명한 건 덜어내고 핵심적 의미만 남기는 것이다.
의미마저 잃으면 단순이 아니라 무지와 몰지각이 된다.

Less is More!

작은 것에
익숙해지면

가벼워진다

평소 글이 막히고 책 읽는 것조차 지루해지면 북한산이나 도봉산을 오른다. 그 복장이 히말라야 복장 그대로다. 갑자기 웃음이 난다. 과잉이구나. 낭비구나. 나는 히말라야 고지에 갈 옷을 입고 동네 산을 폼 잡으면서 올랐던 셈이다. 물론 높은 산이건 낮은 산이건 크건 작건 산은 다 똑같은 산이니 그게 무슨 책잡힐 일도 아니고 빈정댈 일도 아니다. 그만큼 우리가 풍요롭다는 뜻이기도 하고 과잉을 치르며 살고 있다는 뜻이기도 하다.

내가 본격적으로 장비에 관심을 갖게 된 건 대학 시절 동대문 시장 근처 청계천 5가의 '동진레저'라는 등산용품 가게에 드나들면서

다. 크지도 작지도 않지만 주인이 신실해 보였고 가난한 학생들에게 꽤나 친절했으며 애정이 많았다. 돈이 모자라면 흔쾌히 깎아주고 좋은 산 정보를 주기도 했으며 꼭 필요하진 않지만 마음이 끌려 주저하는 눈치라도 보이면 그런 건 살 필요 없다고 오금 박던, 그래서 상인이라기보다는 등산 선배라는 느낌을 주는 주인이었다. 그래서 더 자주 갔던 것 같다. 그는 세븐 서밋, 자이언트라는 브랜드를 만들어 직접 등산용품을 개발하기도 했는데, 나는 그 샘플을 써보고 장단점을 보고하기도 했다. 그때는 그저 공짜 옷이나 장비 하나 얻는 재미가 그저 좋았다. 그때 받았던 셔츠는 지금 보자면 기능 면에서는 크게 떨어지지만 어깨와 팔에 덧댄 패치가 유용해서 즐겨 입었고 무엇보다 내구성이 뛰어나서 얼마 전까지 잘 입었다. 동창들과 바다낚시 갔다가 민박집에 두고 온 것이 두고두고 아쉬울 정도였다. 훗날 그 동진레저의 주인이 블랙야크의 대표가 되었다고 들었다.

갑자기 장비 이야기를 하는 까닭이 있다. 지금 대한민국의 아웃도어 시장은 무려 8조가 넘는 거대 시장이다. 이젠 도심의 큰 가게는 아웃도어 용품점들이 점령하고, 백화점에서도 좋은 자리를 차지한다. 이젠 어지간히 팔았다 싶은데도 여전히 상승일로다. 기능도 예전과 비교도 되지 않을 만큼 뛰어나다. 값도 엄청나게 비싸다. 거품이라는 비판이 끊이질 않는다.

언제부터 우리가 그렇게 장비에 공을 들이고 돈을 썼을까? 어떤 이는 우리나라 사람들이 워낙 산을 좋아하고, 예전보다 훨씬 경제 사정이 좋아졌기 때문이라고 항변한다. 틀린 말은 아닐 것이다. 또 어떤 사람은 우리나라 사람들이 워낙 남의 시선을 의식하고 좋은 브랜드로 도배해야 자존감을 느끼는 허허로운 가치관을 가지고 있어서 그렇다고 비난한다. 그것도 틀린 말은 아닐 것이다.

누구 말마따나 우리 민족이 산을 좋아한 것은 사실이다. 그렇다고 본디부터 등산을 즐겼다고는 생각하지 않는다. 그만큼 갈 데 없고 돈 크게 들지 않는 스포츠라는 점도 한몫했을 것이다. 그러나 지금처럼 등산이 국민 스포츠가 된 계기는 1997년 IMF 이후가 아닐까 싶다.

구조조정이라는 미명하에 수많은 직장인들이 일터에서 하루아침에 쫓겨났다. 새로운 일을 찾을 때까지는 비밀에 부치고 태연하게 출근했다. 그러나 막상 갈 곳은 없다. 자연스럽게 산을 찾는 이들이 늘었다. 그때만 해도 우리의 아웃도어 시장은 불과 3천 억 규모를 넘지 않았다고 한다. 그런데 산을 찾는 이들이 많아지고 등산복 수요가 급증하니 시장도 따라서 성장하고 그렇게 불붙은 아웃도어 시장은 전 세계 거의 모든 유명 브랜드까지 뛰어드는 거대 시장으로 성장한 것이다.

이왕 마련한 옷이나 장비를 일부러 버릴 일은 아니다. 그러나 이미 충분하고 넘칠 정도가 되면 더 이상 그런 가게를 기웃거릴 건 아니다. 견물생심이라고, 좋은 거 보면 사고 싶다. 어느 방면이건 정도를 넘어서면 중독이 된다. 불필요한 것부터 스스로 차단하면서 단순하게 살아야 한다. 여러 날 장거리 산행이 아니라면 최소한으로 줄여서 가볍게 움직이는 습관을 마련해보는 것도 좋을 것이다. 헨리 데이비드 소로의 《월든》을 읽으면서 여전히 비싼 장비에 눈길을 거두지 못하는 건 자기모순이다.

우리는 여전히 과시욕구가 강하다. 과시는 단순함에서 멀어지는 것이고 그것은 결국 자기 낭비다. 남들 시선 때문에 자꾸만 과한 물건을 사들이는 습속부터 버려 그런 집착에서 자유로워질 때 조금이라도 단순해질 것이고 삶이든 사람이든 혹은 일이든 모든 것에 더 집중할 수 있다.

속물근성 이전에 익숙함이라는 것도 더 새롭고 나은 것을 경험하면 서슴없이 작별하고는 다시는 뒤도 돌아보지 않으려 한다. 그렇게 우리는 바보가 된다. 타락이라고까지 할 거야 없지만 그저 편안하고 크고 좋은 것만 바라보고 그 아래의 것들은 내려다보려는 천박함에 길들여진다.

4년 동안 머물렀던 작업실 수연재에서의 삶은 극도로 단순했다. 작은 원룸 아파트에 책상과 책장이 전부였다. 동선은 극도로 단순했고 모든 일은 작업에만 집중되었다. 두 해 동안은 자동차도 사용하지 않았으니 살면서 가장 단순했던 시기였다. 4년 동안 열 권 가까운 책을 써낸 건 그런 단순함의 결실이었다. 그때 쓴 책들은 내용도 튼실하다고 자평하는 것들이니 나로서는 최상의 경험이었다.

너무 크고 편한 것들에 익숙해졌다. 그만큼 편해졌는지는 모르지만 무기력해졌고 탐욕으로 채워진 삶이라는 걸 망각한다. 서로 그렇게 사는 모습만 바라보니 아무런 성찰도 없다. 우리는 그렇게 산다. 작은 것도 익숙해지면 넉넉하게 느껴진다. 오히려 큰 것이 불편하고 바보스럽다. 작은 것에 익숙해지면 몸이 가볍고 정신도 민첩해진다. 커봐야 도토리 키 재기일 뿐 거기에 몸과 마음을 뺏겨 허투루 사는 것과는 이제 작별해야겠다. 히말라야 앞에 서면 내가 얼마나 작은지, 얼마만큼만 있으면 족한지 알 것이다. 그 각성을 얻어가면 그 여정은 성공한 것이 되리라.

좁쌀 안에 우주 삼라만상이 들어 있다는 깨우침을 언젠가는 얻을 수 있을까? 다산의 제자였던 황상黃裳은 일속산방—粟山房이라는 '호기로운' 이름의 '우주적 공간'을 누렸다. 삶도, 사랑도 그 좁쌀 하나를 마련하는 일이다. 그게 단순함이 주는 극상의 행복이다.

두려워도 불가피하다면 버텨낼 수 있다

하루만 더

견디면 된다

이제 목적지의 턱밑까지 도달했다. 소룽빠 바로 아래 마지막 롯지에서는 숨이 가빠 먹는 것조차 버겁다. 거의 한계점에 달한 듯하다. 게다가 저녁 식사 후 비가 쏟아지기 시작한다. 작달비 소리가 굉음처럼 들린다. 아마도 계곡 사이에서 메아리로 증폭되기 때문일 것이지만, 칠흑 같은 어둠 때문에 더 크게 들리는 것인지도 모른다. 연암이 《열하일기》에서 묘사하며 느꼈던 그 공포도 이런 것이었을까?

고등학교 시절 박지원의 《열하일기》 가운데 '일야구도하기—夜九渡河記' 즉 깊은 밤 아홉 번 강을 건너는 체험을 담은 글이 교과서에 실렸었다. 칠흑의 깊고 어둔 밤 일행과 함께 강을 건너던 연암이 느낀 공포는 벼락소리 같이 울리는 강물 소리 때문이었다. 그는 중국이 나라가 크니 강도 크고 물소리도 크다고 생각하며 두려움에 몸을 떨었다. 그런데 다음날 낮에 다시 그 강을 거슬러 가면서 보니 그리 큰 강이 아니었고 물소리도 조선의 여느 강과 다르지 않았다. 연암도 속으로는 꽤나 공포스러웠을 것이다. 그러나 글에서는 애써 태연한 척할 뿐 아니라 거기에서 곧바로 깨달음을 얻은 것처럼 묘사한다. 연암의 이중성은 아니지 싶다.

"깊고 지극한 마음冥心이 있는 사람은 귀와 눈이 마음의 누가 되지 않고, 귀와 눈만을 믿는 자는 보고 듣는 것이 더욱 섬세해져서 갈수록 병이 된다. 지금 내 마부는 말에 밟혀서 뒷 수레에 실려 있다. 그래서 말의 재갈을 풀어주고 강물에 떠서 한 자 안장 위에 무릎을 꼰 채 발을 옹송거리고 앉았다. 한 번 떨어지면 강물이다. 그땐 물을 땅이라 생각하고, 물을 옷이라 생각하고, 물을 내 몸이라 생각하고, 물을 내 마음이라 생각하리라. 그렇게 한번 떨어질 각오를 하자 마침내 내 귀에는 강물 소리가 들리지 않았다. 무릇 아홉 번이나 강을 건넜건만 아무 근심 없이 자리에 앉았다 누웠다 그야말로 자유자재한 경지였다."

글은 그렇게 썼지만 정작 연암은 어두워 아무것도 보이지 않아 스스로를 공포감에 몰아넣었던 것을 부인하지는 못했던 것 같다. 5,100미터의 하이캠프에서 쏟아지는 폭우의 소리가 은근쩍 공포감을 주는 것도 어둠이 주는 환경적 요인과 산소가 절대 부족하다는 절망감 때문일지 모른다. 그래도 내일은 어김없이 다시 해가 뜰 것이고 연암이 그랬듯 아침에 밝아지면 그 공포감도 안개처럼 사라질 것이다.

갑자기 밖에서 함성이 들린다. 놀랍게도 그 빗속에 청노루들이 먹이를 얻기 위해 롯지 주변에 모여든 것이다. 그들의 출현에 호흡곤란의 고통도 잠시 잊는다. 밤비는 안개와 섞여 짙게 깔려 여기와 저기의 경계가 모호하고 심지어 인간과 동물의 구분도 무의미하다. 이 높은 곳에서 그리도 아름다운 청노루떼를 보다니! 그들은 가족인 듯 보였다. 아빠와 엄마 그리고 몇 마리의 새끼들. 그런 가족이 두세 무리는 되는 제법 많은 청노루들. 고산에서 야크를 보는 것은 익숙해졌지만 바로 눈앞에서 청노루를, 그것도 여러 가족을 볼 수 있다는 건 분명 내일의 행운을 상징하는 듯 여겨진다.

오늘도 그리 아름답다는 히말라야의 별무리 향연을 볼 수는 없지만, 손에 잡을 수 없는 별보다 바로 눈앞의 살아 있는 청노루는 훨씬 더 신비하고 아름다웠다. 고원에서 야생 동물들이 사람을 두려워하지 않고 태연하게 먹이를 먹는 건 그만큼 이곳에 내려와 먹이를 얻는 데 익숙하다는 뜻일 게다. 너무 사람 손 타는 것 아니냐고 물어보니 가끔 내려와 롯지 주인이 내어준 먹이를 먹을 뿐이란다. 아마 서로 그렇게 교감이 쌓인 덕분일 것이다.

청노루를 본 신비한 즐거움은 잠시뿐, 식당에서 숙소로 가는 고작 20여 미터의 길을 가는데도 숨이 차다. 그래도 내일을 위해서 최대한 눈을 붙여야 한다. 다행히 지금까지 고산병은 없었다. 속도도 잘 조절했고 미리 약도 먹어둔 덕분이다. 하이캠프의 고비만 넘기면 크게 고생하지는 않을 것 같았다. 틸리초 호수를 오가며 5,000미터에도 적응했으니 그 자신감은 더했다. 하지만 그게 오산임은 하이캠프에 도착하기 전부터 느끼기 시작했다. 과신은 금물이다. 어제는 바짝 긴장한 탓에, 그리고 틸리초 호수의 장관에 홀려 겨우 넘겼던 것 같다. 어쨌거나 마지막 고비다. 오늘 하루만 견디면 된다. 아무리 극한 상황이라도 견뎌야 하는 건 그걸 이겨낼 마지막 힘이 있기 때문일 것이다. 나도 아직 그 힘이 얼마나 남았는지, 어느 정도의 강도인지 모른다. 그러나 이미 저녁 식사가 입에 넘어가지 않았을 때 예감은 했다. 입맛도 없지만 먹는 데도 숨이 가쁘다. 처음 있는 일이다.

빗속을 뚫고 더듬더듬 숙소로 들어와 침상에 누웠는데 잠은 고사하고 숨이 가빠 단 몇 분도 버틸 수 없다. 단 두 시간만이라도 잘 수 있으면 좋겠다만 몇 분도 버틸 수 없으니 온몸이 긴장한다. 숨을 헐떡이느라 이미 입안은 다 타고 따갑기까지 하다. 작은 산소 캡슐이라도 가져올 걸. 하지만 그걸 꼭 가져와야 한다는 당부가 없었다는 건 보통 사람도 겪을 수 있고 이겨낼 수 있기 때문일 것이다. 아니면 이곳 사람들은 그쯤은 전혀 문제가 되지 않기 때문일 것이다.

아무리 참으려 해도 저항할 수 없다. 그렇다고 순응할 수도 없다. 이겨내야 한다. 그야말로 '고지가 바로 저긴데'에서 그만둘 수는 없다. 권총이라도 있으면 머리에 대고 그대로 방아쇠를 당길 것만 같다. 이런저런 생각을 하다 보면 숨도 고르게 되고 잠깐 잠이라도 들지 않을까 싶었지만 생각조차 할 기력이 없다. 결국 그렇게 꼬박 숨을 헐떡이며 새벽을 맞았다. 차라리 읽던 책에 푹 빠져 밤을 샜다면 그렇게까지 허탈하지는 않았을 것이다. 한 일이라고는 앉았다 일어났다 반복하며 숨을 헐떡인 것밖에 없다. 숨을 쉴 수 없어서 잠을 잘 수 없다니! 아무리 고통스러워도 잠을 자는 순간만큼은 그 통증을 잊을 수 있는데 헐떡거리기만 했다는 게 믿어지지 않는다. 그래도 고비는 넘어간다. 그러라고 존재하는 것이다. 잠시.

궁극의 단순함

사는 건 아주 단순함을 새삼 깨닫는다. 산소만 있어도 살 것 같다. 아무런 욕망도 없다. 그저 숨만 편히 쉴 수 있다면, 다 내줄 것 같다. 그렇다면 그 다른 것들은 빈껍데기라고 할 수 있지 않을까? 그걸 이고 지고 끌고 다니며 늘 채워지지 않는 욕망을 탓한 삶이었구나 싶다. 산소가 넘치게 풍부한 저지대로 내려가도 이 욕망의 더께를 벗어낼 수 있을까? 아는 것과 느끼는 것과 행동하는 것은 다르지만, 그래도 그 간격을 조금은 줄여야 한다. 히말라야는 내게 그것을 요구한다. 물론 여전히 무감하고 내 편의로 해석하며 실천은 자꾸만 뒤로 미루는 내 악습을 알기에 쉽게 따르기는 어렵겠지만 적어도 바닥까지 내려가 비로소 조금이라도 그것을 깨닫는 건 고마운 일이다.

제대로 숨을 쉬지 못해 밤을 꼬박 새웠지만 여전히 나는 살아 있고 마지막 남은 길을 걸어갈 힘은 조금은 남았다. 어젯밤에는 고작 5분도 차분히 있지 못하니 죽을 것만 같았는데, 어떻게 그 밤을 넘길지 두려웠는데 새벽은 어김없이 찾아왔고 나는 버티고 있다. 칸트는 "나는 할 수 있다. 내가 해내야만 할 일이기 때문이다(Ich kann, weil Ich will, was Ich muß)"라고 말했다. 그렇다면 하이캠프에서의 그 밤은 "나는 견딜 수 있다. 견뎌야 하기 때문이다." 그리고 "극한의 상황도 견뎌야 하는 것은 견딜 수 있기 때문이다"라고 말할 수 있다.

한계 상황은 누구에게나 두렵다. 그 근처에 얼씬도 하지 않기를 희망한다. 우리가 죽음을 두려워하는 건 그게 삶의 한계 상황 너머에 있기 때문이며 언젠가는 그 언저리에 다다를 것임을 알기에 생기는 근원적 저항과 공포 때문일 것이다. 그러나 죽음을 제외하고는 하나의 한계를 견뎌내면 그것을 넘어서는 힘을 얻게 되고 또 다른 한계를 돌파하고자 시도하는 용기가 생긴다. 삶의 분투를 가능하게 하는 건 그러한 믿음일 것이다. 두려워도 불가피한 것이라면 버텨낼 일이다. 일단 버티면 버텨진다. 그걸 몸으로 깨달은 하룻밤은 견디기 어려운 고통이었지만 견뎌냈다. 큰 깨달음이다. 관념이 아니라 몸으로 깨달은 것이어서 소중한 밤이었다.

나 자신을 어떤 울타리에 가두는 것,
그것이 바로 한계다.
그러나 활을 한꺼번에 너무 센 힘으로 당기면 시위가 끊어질 수 있다.
자신의 한계를 인식해야 깨뜨려야 할 지점을 파악할 수 있다.
하지만 때로는 나도 모르게 그 한계를 깨뜨리고 난 뒤에야
비로소 그것이 나를 괴롭혔던 한계라는 걸 깨닫기도 한다.

삶은
한 걸음씩

나아가는 과정이고
길이다

　　대학 2학년 때 서울에서 부산까지 걸어갔다. 동기는 사소했다. 국토대장정이나 어떤 구호나 선언적 가치를 표방한 것도 아니었다. 광화문 네거리의 '기념비전記念碑殿' 앞 '도로원표'에 대한 궁금증에서 비롯된 도보기행이었다. 도로원표에는 각 방향으로 중요한 지역까지의 거리가 표기되어 있다. 한 지역에서 다른 지역까지의 거리는 바로 그 도로원표 간의 거리를 의미한다. 그런데 그 원표에 관심이 있는 사람들이 별로 없는 듯했다. 각 지역의 중요한 도로에서 화강암 사각형 뽈기둥의 원표를 본 적이 있어서 적어도 서울에서 부산까지 각 지역에 있는 도로원표를 직접 확인하고 사진을 찍어둬야겠다는 생각이 들었다.

그해 여름은 너무 더웠다. 서울을 벗어나는 일 자체가 고역이었다. 쏟아지는 햇빛과 아스팔트 도로가 토해내는 복사열은 그야말로 숨 쉬는 것 자체를 어렵게 할 만큼 강렬했다. 서울이 그렇게 큰 도시라는 걸 실감했다. 서울을 벗어나 안양에 도착하니 꼬박 하루가 소진되었다. 다음날 여인숙(지금은 거의 사라졌지만, 당시만 해도 여관과 여인숙이 있었다. 여인숙은 허술하지만 숙박비가 여관의 반 정도에 불과했다)에서 일어나는데 온몸이 두들겨 맞은 듯했고 납덩이처럼 무거웠다. 그걸 보름 가깝게 반복할 생각하니 끔찍했다. 중간에 포기하느니 차라리 처음부터 접는 게 낫겠다는 유혹이 그럴 듯했다. 그러나 안양의 도로원표를 확인하자 포기할 생각이 사라졌다. 수원, 오산, 평택을 거쳐 성환쯤 도달했을 때는 뿌듯했다. 드디어 서울과 경기도를 벗어나는 성취감이 나를 버티게 했다.

비용을 아끼려고 텐트(지금처럼 가볍고 기능 뛰어난 텐트가 아니라 당시에는 무거운 군용 A텐트였다)와 코펠과 버너에 기본 식량까지 엄청난 무게를 배낭에 담아 지고 다녔으니 어깨는 부러질 것 같았다. 텐트 칠 장소를 물색하는 것 자체가 힘들었다. 요행히 학교 운동장 한 귀퉁이에 텐트를 치고 자다가도 학교 사환(당시에는 교사가 당직을 섰고 잡일 해주는 사환 아저씨가 있었다)의 호통에 쫓겨나는 일도 다반사였다. 할 수 없이 강둑 근처에 텐트를 치면 동네 건달들이 시비를 거는 일도 흔했다. 그럴 때마다 서울로 돌아가고 싶은 마음이 굴뚝같았다. 그래도 버텼다. 아마 혈기 왕성한 시절이었기 때문이었을 것이다.

　　결국 조치원 좀 전에서 쓰러지고 말았다. 길을 걷다가 어느 집 담벼락에 잠깐 기대어 앉아 있다가 그대로 잠이 들었던 모양이다. 왜 남의 집 담벼락에 기대 자느냐며 호통치는 소리에 깼다. 다행히 그 집 주인 내외는 따뜻한 사람이었다. 자초지종을 들은 내외는 당신의 아들도 대학을 휴학하고 군에 갔다며 소매를 끌고 집으로 들여 밥을 지어주셨다. 후식으로 우물에 담가둔 참외를 꺼내 깎아주셨는데 지금까지 그때 그 맛을 잊을 수 없다. 어떤 냉장고도 그 우물만큼 딱 알맞게 시원한 과일을 저장하지는 못할 것이다. 그분들은 왜 무리하고 무의미한 짓(?)을 하느냐며 당신 집에서 하루 자고 집으로 돌아가라 타이르셨다. 그렇게 하겠다고도, 계속 하겠다고도 말하지 못한 채 엉거주춤 그 집에서 하루를 묵었다. 다음날 아침 따뜻한 상을 내주시며 조치원까지 조금만 걸어가면 기차도 있고 버스도 있으니 서울로 돌아가라며 차비까지 주셨다. 나는 결코 받을 수 없다고 버텼지만 그분들은 귀대하는 아들에게 주는 차비와 같다며 반드시 돌아가라는 당부와 함께 끝내 내 주머니에 쑤셔 넣었다(그 돈은 부산에 갈 때까지 한 푼도 쓸 수 없었다. 아마 부적처럼 지니고 있었던 듯하다).

지금은 사라져 이름조차 기억나지 않지만 당시만 해도 편지를 특정한 우체국에 보내면 거기에서 약정 기일 동안 보관하다가 수취인이 찾아가면 내주는 우편 제도가 있었다. 친구들은 조치원, 영동, 밀양 등의 우체국에 날짜에 맞춰 편지를 보내마 했다. 조치원에 도착해서 우체국으로 달려갔다. 밀봉된 편지가 나보다 먼저 도착해서 기다리고 있었다. 그 편지를 받아 읽는데 눈물이 났다. 발바닥에 잡혔던 물집들이 터져 너덜거리고 걸을 때마다 따갑고 쑤셨다. 어깨는 부러질 듯하고 몰골은 새카맣게 탔으며 먹은 건 부실해서 힘이 없었다. 그런데 그 편지를 받으니 모든 피곤이 사라졌다. "언제든 힘들면, 혹은 한계다 싶으면 회군해라. 그러나 계속해서 가겠다면 지옥을 통과할 때를 기억해라. 그 길이 영원하지는 않을 것이다. 그러나 거기에서 멈추면 지옥불에 갇힌다. 끝까지 가겠다면 내가 부산에 내려가 너를 환영하마." 처칠의 말을 인용한 듯한 친구의 편지는 내게 용기를 북돋웠다.

그 편지 한 통이 나를 포기하지 못하게 만들었다. 그러나 추풍령을 넘어 김천, 구미에 이를 때쯤 되니 흥미도 사라지고 그깟 원표 확인하는 게 무슨 의미가 있을까 하는 회의가 또다시 찾아들었다. 몸이 딸리니 의식도, 의지도 사위었다. 기계처럼 걷기만 하는 게 무슨 의미가 있을까. 각 도시와 읍면의 도로원표를 확인하기는 하지만 무의식적인 행동이지 그게 반갑고 따뜻하고 어쩌고 하는 느낌은 전혀 들지 않았다. 의미를 상실한 길은 급격한 피곤과 망설임을 동반했다. 왜관에서 성베네딕도 수도원에 계신 아버지처럼 뫼시던 수사님을 찾아뵌 건 천운이었다. 당신은 아무것도 따지거나 채근하지 않으셨다. 애썼다, 기특하다, 애잔하다 등의 말씀과 더불어 맛난 포도주와 소박하되 영양 많은 음식을 내주시며 이틀쯤 쉬었다 가라는 말씀만 하셨다. 터진 발바닥은 몇 번 더 터지고 아물기를 반복하더니 아예 굳었는지 견딜 만했다. 이틀의 휴식으로 완전히 재충전할 수 있었다.

가장 힘든 건 대구를 통과하는 일이었다. 시골길은 그래도 걸을 만한 게 길 잃을 염려 없고 대충 남은 길이 얼마쯤인지 알 수 있지만 대도시는 빠져나가야 할 지점으로 가는 최단 거리를 알 수도 없거니와 물어보는 사람마다 대답이 달라서 혼란스럽다. 그뿐인가? 대도시가 주는 다양한 유혹도 참기 힘들었다. 대전이나 대구 같은 대도시에 들어서니 완전 촌놈이었다. 고속버스터미널은 아예 둘러서 갔다. 고속버스를 보면 그대로 타고 돌아갈 것 같았기 때문이다. 그런 점에서 대도시는 이중으로 힘들었다. 조치원에서 받아본 편지에서 말한 '지옥'은 아마 그것이 아닐까 싶었다.

밀양에서 편지를 받아보기로 한 건 절묘한 선택이었다. 대구에서 밀양까지 가는 길은 이미 한계를 넘어서 가다 서다를 반복하고 쉬는 시간은 점점 길어졌으며 한 번 앉으면 그대로 퍼질러 주저앉는 일이 반복되었다. 그걸 이겨내게 했던 건 바로 밀양우체국에 가서 편지를 받아야 한다는 기대감이었다. 그러나 거의 방전 직전의 체력으로 밀양까지 가는 건 너무 힘들었다. 그때 떠오른 말이 테니슨의 시구 한 구절이었다. "의지가 굳은 사람은 행복하다. 고통을 겪겠지만 그 고통은 오래 가지 않을 것이다."

아무리 의지가 강해도 몸을 이길 수는 없다. 그러나 그 몸이 견딜 수 있는 데까지는 다다라야 그 한계를 알게 될 것이다. 그 한계를 경험하면 어쩔 수 없지만 그걸 겪기 전에 포기할 수는 없는 노릇이다. 그게 어디 체력뿐이겠는가. 단순히 '이 또한 지나가리라'는 막연한 믿음이 아니라 견딜 수 있는 임계점까지 자신을 밀어봐야 한다. 그게 몸이건 정신이건. 그렇게 밀양에 닿았고 밀양우체국에서 편지를 찾아 영남루에 올라 그 편지를 읽을 때 성취감은 나중에 부산에 도착했을 때의 그것보다 컸다.

아이의 길이나 어른의 길이나 다르지 않다

아주 어렸을 때, 그러니까 초등학교에도 들어가기 전 아버지를 따라 성묘 가는 길은 너무 멀고 힘들었다. 종조할아버지(아버지의 작은 아버지)를 뵙고 함께 가는 길은 지루하고 따분했다. 차도 없던 시절에 왜 그리 멀리 조상을 모셨는지 원망스러웠다. 저 멀리 빤히 보이는데 길이 줄어드는 느낌이 없었다. 다리는 뻐근하고 재미는 없고. 그러나 꾸역꾸역 걷다 보면 어느새 도착한다는 사실을 명절 때마다 체험했던 게 오래 각인되었던 것 같다. 그때 종조할아버지는 어린 내게 30분에 하나씩 '눈깔사탕'을 주셨다(나는 30분이라 느꼈지만 아마 15분쯤마다 하나씩 주셨던 것 같다). 그게 어린 내가 견딜 수 있는 한계 거리의 시간이라 여기셨던 듯하다. 지칠 때가 되면 사탕을 먹을 때라는 게 저절로 떠올랐고 그렇게 나는 '속임'을 당하며 그 먼 길을 오갔다. 나이 들면서 그 거리가 점점 짧아지는 느낌이었고 어른이 되고 보니 그 길은 그리 멀지도, 험하지도 않은 길이었다.

그러나 그때는 명절마다 성묘 갈 생각에 전날부터 몸이 꼬였다. 차라리 아프면 안 가도 될 테니 병이라도 나면 좋겠다거나 꾀병을 꿈꾼 적도 있었다. 그 어린 나이에 나는 나름대로 '명절 증후군'을 앓았던 모양이다. 그래도 아버지와 함께 걷는 게 좋아서 명절 아침이면 쪼르르 문 밖으로 나가 아버지를 기다렸다.

어쩌면 나는 그 '나였던 그 아이'의 단순함을 너무 많이 잃은 건 아닐지 모르겠다. 아이는 다음의 두려움을 금세 잊고 당장의 즐거움에 함빡 빠진다. 그건 회피가 아니라 만끽이다. 어차피 겪게 될 걸 알지만 그것 때문에 지금의 기쁨마저 망치고 싶지는 않기 때문이다. 그러나 지금의 나는 나중의 걱정 때문에 지금의 기쁨과 행복을 만끽하지 못한다. 나이 들면 슬기로워져야 하는데 오히려 어리석어진다. '나였던 그 아이'는 있지만 '나인 그 아이'가 내 안에 있지 못한 까닭이다. 어른은 목적지를 바라보고 걷지만 아이는 길에 널린 돌멩이에 눈길이 가고 이름도 모르는 꽃과 따라오는 잠자리에만 마음을 쏟는다. 그래서 어느덧 목적지에 도달한다.

아이의 길이나 어른의 길이나 크게 다르지 않다. 스스로를 격려하며 버티고 나아가면 어느 순간 목적지에 도달한다. 한계란 그렇게 하나씩 극복되면서 어른이 되는 것이다. 삶이 뭐 별거 있겠는가. 그렇게 한 걸음씩 나아가는 과정이고 길이다. 버티고 나아가면 된다. 때로는 무모해 보이는 우직함이 필요하다. 꼬맹이 시절 성묘 가는 길이나 청춘이 되어 부산까지 걸어가는 길이나 크게 다르지 않았다. 어쩌면 그 시절의 인생이나 지금의 인생이나 크게 다르지도 않을 것이다. 그저 양상만 조금 달라졌을 뿐.

희망이 없다면 미래를 살아낼 수 없다

소롱빠,

마지막
고개를 넘다

　　숨을 헐떡이며 신발 끈을 묶을 때까지 죽음이 한 발 앞에 있을
수 있다는 생각을 털끝만큼도 하지 않았다. 어쩌면 생각이라는 행위조
차 허용되지 않을 만큼 이미 기진했기 때문이었는지도 모른다. 단 10분
도 자지 못하고 결국 짐을 꾸려야 했다. 다행히 이른 새벽까지 내리던
비는 멈췄다. 그러나 안개가 자욱해서 코앞도 분간할 수 없다. 하이캠
프에서 소롱빠로 오르는 길은 가파른데다 아침에 강풍이 불어 부득이
이른 새벽에 출발해야 한다. 어제 저녁 식사도 입에 대지 못하고 잠을
자기는커녕 가까스로 숨만 쉬느라 탈진했지만 새벽의 가벼운 식사도
도저히 먹을 수 없다. 억지로 초코바 두 개를 먹고 주머니에 두 개를

더 챙긴다.

　　세벽 3시, 캠프의 모든 일행이 거의 비슷한 시간에 출발한다. 이건 다른 캠프와 확연히 다르다. 새벽에 출발해야 하는 이곳 지형의 특성이 만들어낸 풍경이다. 고지대의 바람은 상상했던 것보다 훨씬 거세고 예측할 수 없음을 이미 이틀 전 틸리초 호수를 오가며 경험했지만 여기의 바람은 그와는 또 다르다. 헤드램프가 쏟아내는 빛들이 줄을 이어 러시아워 때 자동차 행렬들이 뱉어내는 빛과 비슷하다. 그러나 그 빛조차 짙은 안개가 금세 삼켜버려 막상 몇 발 앞의 길도 가물가물하다. 짙은 안개는 보슬비처럼 몸에 그대로 감긴다. 마치 산이 나를 만지는 느낌이다.

　　숨이 가빠 5분 이상 걷는 게 어렵다. 아니, 느낌은 5분 같지만 실제로는 5분 훨씬 밑이다. 그 5분도 사실은 제대로 걷는 게 아니라 겨우 발을 떼고 옮기는 실정이다. 그러니 걷는 시간이나 쉬는 시간이나 큰 차이가 없다. 한 걸음 옮기는 것도 버겁다. 생각할 힘도 없다. 밤새 뜬눈으로 샌 탓에 눈꺼풀도 천근만근 중력의 법칙에 충실하다. 그래도 다리는 무의식적으로 걸음을 옮긴다. 이미 3,200미터의 피상에서 3,500미터의 마낭에 이르기까지 천천히 고소에 적응하는 노력을 기울였고 5,000미터가 넘는 틸리초 호수에 다녀오기도 했지만 어떤 극한 상황은 다른 유사한 상황과 확연히 다르다. 어제 한숨도 못 잔 것도 그런 임계점이 주는 차이점 때문일 것이다. 살아가면서 임계점인지조차도 모르고 마구 넘나드는 만용은 얼마나 많았을까. 벼랑에 서 있으면서도 그게 벼랑인지 모르는 위태로운 삶이다.

**삶과
죽음을 가를
그 짧은
순간!**

잠깐 쉰다고 돌 위에 앉았는데 나도 모르게 살짝 잠이 들었나 보다. 놀랍게도 그 짧은 잠은 호흡곤란의 느낌이 전혀 없었다. 그저 조금 길게 눈을 뜨지 않았을 뿐이라고 느낀 짧은 시간인데 내 앞을 지나는 이들이 제법 있었나보다. 그러나 나는 아무런 소리도 듣지 못했다. 중간쯤에서 출발했는데 뒤에서 오는 이들의 램프 불빛이 별로 보이지 않는 걸 봐서 5분 이상은 잤나 보다. "Don't sleep!" 하고 외치며 나를 흔들어 깨운 털북숭이 서양 남자는 내가 일어서는 걸 확인하고 나서야 다시 앞으로 걸어간다. 20대 때 겨울 설악산에서 눈에 누워 잠깐 눈 붙였다가 자칫 큰 사고를 당할 뻔했던 일이 주마등처럼 스친다.

가까스로 졸음을 털어내고 무릎을 곧추세운다. 그러나 다리는 여러 개의 모래주머니를 찬 듯 무겁고 숨의 간격은 급속히 좁아져 헐떡이는 것 이상이다.

안개가 조금씩 걷히는 건 다행이지만 고개 들어 앞을 보는 것도 버겁다. 그저 천근만근 무거운 다리만 기계적으로 움직인다. 눈은 감기고 이젠 한 걸음 옮기는 것도 힘들다. 이상하게 몸의 균형 감각이 무뎌지는 걸 직감적으로 느낀다. 그런데도 마음 따로 몸 따로다. 엉뚱하게 내가 게처럼 옆으로 걷는다. 그걸 분명하게 알고는 있지만 몸은 가눌 수 없고 어떠한 저항도 불가하다. 오른쪽으로 강력한 자력의 힘을 느낀다. 몸은 여전히 오른쪽으로 쏠리며 걷는다. 비몽사몽인 상태가 잠을 못 자서인지 산소가 부족해서인지 모르겠지만 의식은 더 이상 몸에 영향을 미치지 못한다. 바로 그때였다. 갑자기 천둥 같은 소리가 쏟아졌다.

"앉아! 당장 그 자리에 주저앉아!"

그 소리에 깜짝 놀라 얼핏 멈췄다. 돌부리에 걸려서 넘어진 것인지 잠깐 멈춘 것인지 그때도 지금도 구별이 안 된다. 그 순간 다리가 풀려 그대로 주저앉았다. 무릎이 돌에 찍혀 통증이 강하게 전해진다. 그러나 그 통증조차도 귀찮다. 오락가락하던 새벽안개가 오른쪽 계곡으로 몰려드는 건지 내가 주저앉은 곳은 안개가 자욱하다. 호흡곤란과 다리의 통증이 이상하게 안개 속에서는 조금 덜한 느낌이다. 엎어진 김에 쉬어 간다고, 배낭을 벗고 사이드 포켓에서 물병을 꺼내 따뜻한 물을 마시니 조금 정신이 돌아온다. 안개는 서서히 아래로 내려가는지 다시 조금씩 걷힌다. 물을 마시다 나는 화들짝 놀라 숨 가쁜 것도, 다리의 통증도 순식간에 잊는다.

세상에! 나는 거의 가파른 벼랑 끝에 앉아 있었던 것이다! 본능적으로 주저앉은 그대로 몸을 뒤로 물린다. 일어설 엄두가 나지 않는다. 자칫 일어나다 균형이라도 잃으면 그대로 아래로 떨어질 것이다. 무시무시한 벼랑은 아니어도 경사가 심해 족히 10미터쯤 되는 느낌이다. 사면 아래로는 날카로운 돌덩이들이 깔려 있다. 정신이 번쩍 든다. 짙은 안개 때문에 길을 놓친 건 아니다. 아무리 안개가 짙어도 3~5미터 앞은 보일 정도는 된다. 호흡이 곤란해서 눈이 먼 것도 아닐 것이다. 아마 비몽사몽 걸으면서 생긴, 그것도 게처럼 옆으로 걷게 되면서 균형이 이미 반쯤은 무너진 순간적 위험이었을 것이다.

그건 그렇고, 누가 날 불러 세웠을까? 마낭과 야크 카르카에서 만나 합세한 한국인 일행들 중 누군가가 외쳤을까 싶었지만 그들은 이미 내 앞 시야에서 일찌감치 사라졌고 뒤를 돌아볼 일이 없으니 불가능한 일이다. 뒤에 바짝 따라온 사람도 없다. 게다가 내가 오른쪽으로 치우쳐 걷는 통에 내 위치는 길이 아닌 곳이니 뒤따라올 사람도 없다. 그럼 그 목소리의 주인은 누구란 말인가? 묘하게도 낯선 목소리가 아니었다. 환청이라고 하기에는 너무나 타이밍이 절묘했고 다급한 외침이었다. 그 목소리가 들리지 않았다면 그대로 오른쪽으로만 게걸음으로 걷다가 그대로 떨어졌을 것이다. 나는 신앙심이 아주 깊은 사람이 아님을 스스로 알기에 그것이 신의 목소리였다고 강변할 생각은 없다.

그래도 내가 가련해서 급히 전갈을 보낼 수는 있을 거라는 여지는 남겨둔다만.

정신을 수습하고 바지를 걷어보니 정강이와 무릎에 피가 흐른다. 어쩌면 죽음과 맞바꾼 상처일지 모르니 그 정도면 고맙고 또 고마운 상처에 불과하다. 피를 보니 오기가 돋는다. 벌떡 일어나 또박또박 앞으로, 위로 걷는다. 고도는 점점 더 높아지는데 오히려 아까보다 훨씬 더 숨 쉬기도 편하고 눈꺼풀도 감기지 않는다. 극적 전환이라는 게 이런 걸까? 그러나 서둘러 걷지는 않는다. 그 목소리가 자꾸만 뇌리에 박혀 목소리의 주인공이 누굴까 궁금하다.

한참을 걷다 위를 바라보니 사람들이 작은 집 앞에 모여 앉아 있다. 안개는 이미 말끔히 사라졌다. 발은 금세 다시 무거워지고 숨은 가빴지만 목표가 보이니 마음이 편해진다. 보이는 것과 보이지 않는 것은 때론 그렇게 엄청난 차이를 만든다. 케룬 위 타르초가 휘날리는 모습도 보인다. 바로 거기가 소롱빠다! 마지막까지 가는 데 남은 온 힘을 쏟는다. 앞서 도착한 사람들이 손을 흔들며 힘내라고 격려해준다. 저이들도 나처럼 극적인 목소리를 들었을까? 함께 출발했던 한국인 일행들은 내가 오래 쉬었다 올라온 줄만 알 것이다. 하지만 그 목소리를 들었건 듣지 않았건 거기에 올라간 과정은 똑같기에 우리는 이미 한 마음으로 통하고 있다.

**드디어
소룽빠를
넘다**

드디어 고개의 끝에 올랐다. 세상에서 가장 높은 고갯길이다. 5,500미터까지 올라왔다는 게 신기하다. 그 고지에서 박수도 쳐주고 악수를 건네며 하이파이브도 하고 덥석 안아주는 이들도 있다. 그곳에 그 시간에 함께 있다는 것만으로도 모든 사람은 하나다. 온갖 나라에서 왔을 전혀 모르는 사람들이 마치 한 가족과도 같다. 적어도 그 순간만큼은.

사람이 목적을 달성하면 허탈해진다. 달콤한 허탈함이고 포만감 가득한 허탈함이다. 그 허탈을 맛보기 위해 긴 시간과 에너지를 쏟으며 달린다. 시시포스의 허탈함은 반복된다는 것을 알면서도 끝없이 바위를 위로 굴려 올리는 것이라서 처절하지만 이 허탈함은 반복에 대한 공포가 아니라 더 이상 할 게 없다는 허탈감일 것이다. 더 이상 오를 곳이 없다고 느낄 때 성취감과 함께 그런 허탈감이 공존한다.

소룽빠에서의 허탈감은 내가 그때까지 겪은 엇비슷한 그 어떤 허탈감도 견줄 수 없는 것이었다. 왜 대견하다는 느낌이, 이겨냈다는 기쁨이 먼저 오지 않았을까? 그러나 그 허탈감은 아주 짧았다. 극상의 오르가슴처럼. 몸과 마음을 제법 수습한 뒤 느낀 건 딱 하나다. 오직 고맙고 고마울 뿐이다. 그 목소리가 아니었으면 내가 이곳에 서 있을 수 있을까? 온몸에 소름이 돋는다. 행복한 소름이다. 목적한 곳이고 모든 여정 가운데 가장 높은 곳이기는 하지만 '정상'이라고 할 수는 없다. 그것은 거대한 고개이지 봉우리는 아닌 까닭이다. 그렇다고 해서 기쁨이 덜어지는 건 아니다. 설악산 마등령에서 느꼈던 그 편안함이 겹친다. 고개는 모든 바람을 한 곳으로 모아 맞은편으로 넘겨주는 까닭에 바람이 거세다. 오래 머물 수 없다. 갑자기 허기가 강하게 느껴졌지만 초콜릿으로 대충 때우는 것으로 마감한다. 내려가야 할 길 또한 만만치 않다. 고개에서 바라보는 히말라야의 위용은 대단하다. 고개에서 앞뒤로 보이는 거대한 설산들에 햇살이 보석처럼 쏟아진다. 그걸 눈으로 담아올 수 있다는 것만으로도 가볼 가치는 충분하다.

소롱빠에 모인 사람들은 모두 표정이 행복하다. 저이들도 밤새 제대로 자지 못했을 것이다. 정도의 차이만 있을 뿐, 누구나 겪었을 고통이었을 것이다. 그러나 이제 마지막 반나절의 오름으로 목적한 곳에 다다를 수 있다는 희망이 그것을 견디게 했을 것이다. 구름처럼 모였던 이들이 서둘러 출발하며 소롱빠 고개는 금세 썰렁해질 것이다. 바람과 구름들이 그 자리를 여전히 지킬 것이고 타르초는 바람에 행운을 실어 세상에 나를 것이다. 그 바람을 가득 담아 출발한다. 소롱빠여, 평생 잊지 못할 높고 거대한 고개여, 잘 있어라.

• •

목적한 지점에 도달하면 일단 무릎 꿇고 감사하라.
나 혼자 이룬 길이 아니다.
수많은 이들이 걸어서 생긴 길이어서 나 또한 거기에 도달했으니.

죽음은 삶의 마지막 관문이 아니라 언제나 공존하는 삶의 일부다.
아무리 힘들었던 길도 위에서 내려다보면
그저 멋진 풍경의 일부가 된다.

더 이상 무엇을 바랄까.
매 순간이 고마운 일이다.

내
삶의

고개는
어디일까

　　솔직히 처음에는 만만하게 여겼다. 소룽빠, 만년설 뒤덮인 가
파른 정상도 아니고 정식 등반 루트도 아니며 어지간하면 누구나 오
를 수 있는 고개 하나 못 오를까 싶었다. 아무리 고도가 5천 미터를 가
뿐히 넘는다지만 그래봐야 고개일 뿐 아닌가. 단 한 번도 만난 적 없는
고산지대의 사람들, 끝없이 지나가는 트레커들, 낮과 밤이 절묘하게
바뀌는 날씨, 아무리 반복해서 바라봐도 지루하지 않은 설산의 위용
등 모든 것이 내 삶에서 처음 이루어지는 일이었기에 인식은 새로워지
고 감각은 펄떡이며 의지는 꼿꼿해졌다. 그 어떤 길에서도 누릴 수 없
는 경이로움이 있었기에 이 여정을 감당할 수 있었다. 그리고 마침내

목적지(정상이라고 할 수 없는 '고개'에 불과하지만)에 도달했을 때, 그것은 전체 일정의 딱 절반이기도 했다.

산술적으로는 절반이지만 견뎌야 하는 몫은 다른 절반이다. 어느 산이건 어느 고개건 계속해서 오르기만 하는 것도 내리기만 하는 것도 아니다. 오르막 산길에서도 잠시 내려가는 길이 있다. 그럴 때마다 '마이너스 통장'에서 인출하는 느낌이지만 그래도 잠시 쉬운 하산길을 누리는 건 별미다. 내려갈 때 또한 계속해서 내려가기만 하는 지루함을 잠깐 빗겨가는 오르막이 있을 것이다. 평지가 아닌 바에는 모든 길은 그렇게 오르막과 내리막이 섞였다. 우리네 삶이 그렇듯.

고개는 삶의 일부와 맞닿은 공간이다. 등짐 가득 지고 산 너머 동네로 가는 장사꾼이나 가족이나 친척을 만나기 위해 가쁜 숨 몰아쉬며 재회의 기쁨으로 넘는 공간이기도 하다. 그래서 고개는 가파름이나 난이도는 상대적으로 가장 낮으며 거리로도 유리한 곳에 있어야 한다. 그래서 고개는 살갑다. 하나의 매듭이다. 여정의 절반이라는 매듭. 때론 말안장처럼 편안하게 구부정하고 여유롭다. 물론 언제나 예측할 수 없을 바람과 비를 동반하며 휘몰아칠 때는 야생마의 펄펄 뛰는 공포를 느낄 그런 곳이기도 하다. 그러나 고개에서 누구나 잠시 걸터앉아 땀을 식히고 주위를 둘러보는 건 정상에서 느끼는 정복감이나 성취감과 달리 사유와 성찰의 분위기에 어울린다. 옛 대관령 고갯길 바우길의

'원울이재'에서 신사임당과 허난설헌이 시를 빚은 것처럼.

> 고가古家라서 낮이건만 인적도 없고
> 뽕나무 위에서 부엉이만 우는구나.

　　난설헌의 고갯길은 서러움과 안타까움이 밴 길이었겠지만 그녀는 그 고개에서 자신과 삶을 짧은 언어로 고스란히 토해냈다. 그러나 그녀가 늘 그 고개를 서럽게 넘지는 않았을 것이다. 반대편으로 고개를 넘었을 때는 그리운 가족을 만난다는 설렘과 친정집이 눈에 잡힐 듯 가까운 시선에 고마웠을 것이다. 누군가는 그 고갯길 서럽게 넘고 또 누군가는 설렘으로 넘는다. 원망과 고마움은 그렇게 공평하게 섞인다. 그런데 원망의 부피는 고마움의 그것보다 훨씬 더 크게 느껴진다. 감사의 부피는 작지만 울림은 제법 두툼하다. 그걸 건져내지 못하면 삶은 맵고 서럽다.

**고마움은
소소한 데서
자란다**

　　히말라야가 여전히 눈에 선하다. 그때 지녔던 마음은 이미 희석되고 퇴색되었으며 오염된 부분도 많다. 그 사이 많은 일이 일어났고 어떤 일은 감당하기 어려운 고통이었고 또 어떤 일은 작지만 고맙고 따뜻한 행복도 있었다. 삶이란 게 그렇게 늘 냉온의 반복이고 빠름과 느림의 연속이다. 《라틴어 수업》을 읽다가 해지고 닳아 헐거워진 내 영혼을 다듬는다. 그 가운데 가장 인상적인 문구 하나가 바로 "당신이 잘 있으면, 나는 잘 있습니다(Si vales bene est, ego valeo)"라는 구절이다. 이 대목을 읽다 눈물이 왈칵 났다. 그렇구나. 우리는 제대로 상대의 안부도 묻지 못하고 늘 자기 말만 지껄이며 살았구나.

　　　로마인들의 편지에 이 구문은 일종의 상투어처럼 쓰였다고 한다. 그것도 편지의 첫 인사란다. "당신이 평안해야 비로소 나도 평안합니다"라는 인사는 상대의 존재에 대한 깊은 애정과 고마움이 가득한 말이다. 결코 상투어가 아니다. 사전적 의미로 상투어는 '늘 써서 버릇이 되다시피 한 말'이다 '빈말'과는 결이 다르다. 그것은 '사상, 표현, 행동 따위가 낡아서 새롭지 못하다'는 의미의 '진부하다'와도 다르다. 누구에게나 삶은 엇비슷하다. 어제와 오늘이 크게 다르지 않고 어제 그 사람이 오늘 그 사람과 크게 다르지 않다. 그렇다고 건너뛸 일은 아니다. 늘 품고 지니며 새겨야 하는 마음과 그 마음을 드러낼 말을 외면하고 사는 건 불행한 일이다. '버릇이 되다시피' 되풀이해도 그 가치가 덜어지는 게 아니라는 의미의 상투어다. '당신이 잘 있으면'이라는 말 자체가 가장 감사할 마음이다. 그런데도 나만 생각하고 나를 중심으로 세상을 읽어낼 때 아무리 큰 성취가 이뤄져도 진정한 감사는 우러나지 않는다. 그것은 자기만족이고 배타적 우월감에 불과할 뿐이다.

　　같은 책에서 바티칸 대법원 변호사인 한동일 신부는 행복을 뜻하는 라틴어 '베아티투도beatitudo'에 대해 '베오'는 '복되게 하다, 행복하게 하다'라는 의미라고 서술한다. '복되다, 행복하다'가 아니라 복'되게' 행복'하게' 하다라는 건 의미심장하게 느껴진다. 물론 본뜻은 복되고 행복하다는 뜻이겠지만 '되게' 한다는 건 그보다 한 걸음 나아가는 의미다. '복 많이 받으세요'보다 '복 많이 빚으세요'라는 인사가 그렇듯. 물론 그런 의미에서 한 신부도 '베아티투도'를 '태도나 마음가짐에 따라 복을 가져올 수 있다'는 뜻으로 풀이했겠지만 말이다. 나는 복이 외부에서 오는 것이 아니라 자신의 내부 혹은 내면에서 오는 것이고 따라서 그걸 빚어내고 타인도 행복하게 하는 것이라 새겨본다. 감사함이란 자기만의 만족이 아니라 관계 속에서 교환되고 자라나는 것 아니겠는가.

　　《라틴어 사전》은 천천히 새길 문장이 꽤 많아서 행복하다. 삶이 고단하고 힘들 때 스스로에게 혹은 누군가에게 '그 또한 지나가리라'로 도닥이는 말의 라틴어 'Hoc quoque transibit'는 늘 위로와 희망이 된다. 지금의 고통이나 절망이 결코 영원할 수 없다. 그것은 행복이 영원하지 않음과 공평한 배분이다. 물론 그 종결이 어디인지 언제인지는 정확하게 알 수 없지만 오늘의 절망과 체념으로 남은 시간을 채우고 살 수는 없는 노릇 아닌가. 때론 오늘 감당되지 않는 것은 내일로 잠시 미뤄도 게으름이나 용기 없음을 탓할 사람 없다. 어떠한 괴로움도 언젠가는 소멸될 것이고 그때 우리는 저절로 감사하게 될 것이다. 그러니 감사는 모든 마감과 매듭에 대한 존재론적 고백이어야 한다.

　　내가 어찌어찌 해서 히말라야에 다녀올 수 있었던 것도 행운이었고 무탈하게 마치고 일상으로 돌아온 것도 감사할 일이다. 내가 최고라는 자만심은 반드시 나를 망칠 독이지만 때론 스스로에게 최고의 존재라는 격려와 존중을 부여하는 것도 필요한 일이다. 그럴 수 있는 것 또한 감사할 일이다. 내가 숨 쉬고 생각하고 여전히 한 걸음씩 앞으로 나아간다는 사실만으로도 이미 충분히 감사한 일이다. 그것은 '범사에 감사하라'는 종교적 이데올로기가 아니다. 자기 위안도 자기 마취도 아니다. 감사는 모든 소소한 것들에서 자라난다. 그 소소한 것 어느 하나 내 삶에서는 허투루 존재하는 것이 아니기 때문이다. 때론 맵고 시려도 그것들이 있어서 내 삶이 튼실해지고 단단해지는 매듭이 마련되기 때문이다. 대나무의 매듭이 그렇듯이. 그러니 그 매듭들에 감사할 일이다.

무엇에 너그러워져야 하는가

하산의
길도

결코
만만치 않다

　　확실히 내려가는 길은 가볍다. 더 이상 힘들여 올라가지 않아
도 되니 편안하다. 시간도 훨씬 덜 들어서 마음도 느긋하다. 그건 목
적을 달성한 사람이 느낄 수 있는 특권이다. 그러나 내려가는 길이라
고 만만한 게 아니다. 나는 고진감래苦盡甘來라는 말을 그리 좋아하지 않
는다. 물론 힘든 일을 이겨내고 달콤함을 누릴 수 있다는 희망을 부인
하거나 그 힘을 거부하는 건 아니다. 하지만 자칫 내가 달콤함을 목적
으로 지금의 힘겨움을 버티고 이겨냈으니 그 달콤함은 나 혼자 마음껏
누릴 수 있고 그래야 한다는 오만함이나 이기심을 경계하지 않으면 해
로울 수 있다.

산에 오르는 과정은 분명 힘겨웠다. 그러나 강제로 떠밀려 오른 것도 아니고 힘들기만 한 것도 아니었다. 매순간 존재의 의미를 그 어디에서보다 강하게 느꼈고 자연이 주는 아름다움과 지혜와 자비를 배웠다. 그러니 내가 목적지에 다다른 것은 고진감래가 아니다.

흥진비래興盡悲來의 허상도 다르지 않다. 물론 흥청망청 다 써버리고 나중에 빈털터리가 되면 고생스럽고 서러워진다. 그러나 배우는 과정이 즐거우면 결과도 행복하다. 적어도 우리의 교육 현실에서 배우는 과정은 고통스럽고 가혹해서 그걸 즐기기란 어렵다. 나중에 대학에서 자신이 좋아하는 공부를 하게 되는 거라면 모를까 입시를 위한 공부가 즐겁기는 쉽지 않다. 학교와 교육은 먼저 흥미로워야 하고 즐거워야 한다. 그런 공부는 저절로 나중에 더 많이 행복해지게 만든다. 따라서 흥진비래가 아니라 흥진복래興盡福來가 되어야 한다. 하산 길의 여유로움과 행복은 고생 끝에 얻은 게 아니라 즐겁게 산에 올라서 받은 덤이다.

사람에 대해서도 고진감래나 흥진비래의 생각으로 대하는 건 그리 바람직하지 않다. 그것은 이미 일종의 계산이다. 사람을 셈으로 따져 사귀는 것은 불행한 일이다. 공자가 일찍이 《논어》〈학이 편〉에서 '벗이 있어 멀리서 찾아오면 그 또한 즐겁지 아니한가有朋自遠方來不亦樂乎'라고 했던 말에서 핵심은 '먼 곳에서 찾아온 벗'이 아니라 '벗이 있음

^{有朋}' 그 자체다. 물론 사람이 아무런 셈도 없이 살 수는 없고, 그것은 다른 사람을 사귀는 데에도 어느 정도 적용될 수는 있겠지만 그게 본이 되어서는 안 된다. 그저 늘 그가 있음으로 내가 행복하다는 사실만으로도 고마워하며 살기에도 인생은 짧다. 하물며 사랑하는 이에게는 더 말할 필요도 없다. 사랑한다는 것은 조금이라도 더 주고 싶고 더 많이 행복하게 해주고 싶은 것이다. 그것 자체가 이미 행복이니, 그 행복의 근원이 바로 사랑하는 상대라는 사실만 기억하고 살면 끝까지 그 사랑이 무뎌지지도 무너지지도 않을 것이다.

그러니 끝까지 행복하고 싶은 사람은 겸손해야 한다. 성취한 것, 도드라지게 뛰어난 것 어찌 자랑하고 싶지 않을까만 그건 더부살이로 얹힌 부록일 뿐 그게 전부여서는 안 된다. 그걸 뻐길 것도 없고 내가 늘 상대에게 주었다고 위세 부릴 일도 아니다. 오히려 더 못줘서 미안하고 안타까워하는 것, 그것이 바로 행복의 요체다. 겸손하면 행복해지고, 화를 자초할 일도 없다.

**내려갈 때
보아야 할
그 꽃**

히말라야에서는 하산의 길도 결코 만만치 않다. 이미 정상을 밟았다고 우쭐대다가는 자칫 큰 화를 자초한다. 소룽빠를 넘어 내려가는 길은 올라온 길보다는 쉽고 편하지만 대신 매우 길다. 짧고 빠르게 오르는 것과 길고 느리게 가는 건 산길에서 늘 만나는 공평함이다. 길이 멀고 길다는 생각만 하면 짜증나지만 상대적으로 덜 험하고 천천히 주변을 둘러볼 수 있다는 좋은 점에만 몰입하면 그것만으로도 행복하다. 둘 다 갖고 누리려 하는 것은 욕심이다. 그런 욕심이 삶을 망가뜨리고 자신도 망친다. 내려오는 길은 돌밭이었던 반대편 길과 달리 풀도 제법 자라서 히말라야 들소인 야크 떼도 볼 수 있다. 그래도 계곡은 벼랑으로 갈라져 아찔하다.

내려가는 길에 잠시 쉬면서 비로소 다리와 무릎이 궁금해진다. 이 귀여운 건망증이라니! 소롱빠에 다다른 기쁨은 깨진 다리도 잊게 하는 힘을 지녔나 보다. 피는 굳었다. 손으로 툭툭 치니 피딱지들이 떨어진다. 안나푸르나에 들어서면서 베시사하르에서 마지막으로 세수를 하고 그 이후론 물티슈로 얼굴이며 손을 씻었다. 고산병에 걸리지 않으려면 찬물에 닿지 않게 하라는 엄명에 샤워는커녕 세수조차 못했다. 그러니 다리 한 번 씻어준 적 없다. 물수건으로 핏자국을 지우니 까진 부위가 제대로 보인다. 생각보다 상처는 크지 않았지만 제법 찢어졌다. 그 상처가 다리와 무릎에 남아 있는 한 그 순간의 신비함은 결코 잊지 못할 것이다. 하이캠프에서 소롱빠로 오르던 그 길에서 그 순간 그 소리를 듣지 못했다면 과연 내게 어떤 일이 일어났을까? 한 치 앞의 삶도 모르는 일이다. 히말라야에서는 한순간 조금도 방심할 수 없다.

겸손하게 내려가자. 그리고 이제는 내려가는 길로 남은 내 삶도 겸손하게 그러나 또박또박 걸어가자.

내려가는 길도 고도는 비슷하다. 그러니 산소는 매우 희박하고 숨이 가빠 발걸음 하나 떼는 것도 힘겨울 것이다. 그런데 놀랍게도 숨이 가쁘지 않다. 소롱빠보다는 조금씩 고도가 낮아지니 그만큼 산소의 농도가 짙어지기는 하겠지만 아무래도 뒤늦게 발동이 걸리기도 했고 목적했던 곳을 통과했다는 성취감과 안도감 덕분이기도 할 것이다. 그러면 그만큼 관대해져야 한다. 힘겨울 때는 어쩔 수 없다 해도 힘이 덜 들고 회복이 시작되면 관용을 내 안에 들여야 한다. 그게 내려오는 길의 힘이다. 고은 시인이 내려갈 때라도 올라갈 때 보지 못한 '그 꽃'을 봐야 한다고 하는 건 단순히 눈에 보이는 꽃이 아니라는 걸 깨닫는다. 나의 무지와 욕망 그리고 이기심과 자기중심주의를 벗고 너그러워져야 한다는 죽비다.

너그러움이나 관용도 결국 상대적 겸손에서 나오는 것 아닐까. 상대로부터 더 많은 것을 덜어내 내 것으로 만들어야 한다거나 적어도 내가 그보다 우위에 있다는 우월감이 아니라 내가 겪은 것을 기준으로 혹은 이미 겪은 일에 대한 성찰과 반성의 결과로 상대의 부족함이나 우매함에 날을 세우지 않고 보듬고 격려해주는 아량에서 비롯되는 것이다. 외유내강이라지만 때로는 나에게도 너그러워져야 할 때가 있다.

완벽함을 추구하는 것은 콤플렉스에서 비롯되기도 하지만 너는 완벽하지 못하지만 나는 완벽하다는 것을 강조해서 상대를 압도하고 싶은 욕망 때문일 수 있다. 그러니 끊임없이 스스로에게 물어야 한다. 나는 너그러웠는가. 무엇에 너그러워져야 하는가. 어떻게 너그러울 것인가.

**모든 것을
존중하는 것**

소롱빠를 넘어 내려오는 길에 처음 만나는 마을도 이미 상당히 문명화되었다. 그것은 아마도 이쪽이 넘어온 쪽보다 기후나 토질의 조건이 낮기 때문일 것이다. 볕도 훨씬 넉넉한 듯 느껴진다. 여러 개의 롯지가 여행객들을 위한 시설을 갖추고 있으며 주변에 또 다른 롯지를 짓고 있다. 마치 우리나라 시골 여러 곳에서 펜션 짓는 열풍이 이는 것처럼, 이들도 농사나 목축보다 이것이 더 나은 돈벌이라는 것을 알게 되었기 때문일 것이다. 그래도 주변에 야크들이 있는 걸 보면 두 가지 일을 겸해서 하고 있는 듯하다.

흔히 문명의 때가 아직 덜 묻은 사람들을 보는 시선은 두 가지로 나뉘는 것 같다. 하나는 그들이 문명의 혜택을 받지 못하는 것이 안타깝거나 혹은 깔보는 경향이고, 다른 하나는 그들의 삶이야말로 가장 소박하고 행복할 것이라는 선망이다. 누구나 자신이 서 있는 곳에서 자신의 눈으로 바라보는 법이다. 그래도 산을 찾는 이들은 후자 쪽에 가깝다. 아마도 그들 중 상당수는 헨리 데이비드 소로를 떠올릴지도 모른다. 문명 세계의 거칠고 투박한 삶. 현대인은 아무리 매끄러운 문명의 이기로 인해 편안함을 즐긴다 해도 원초성에 대한 끊임없는 그리움을 가질 수밖에 없는 숙명을 지니고 있다. 《월든》에서 소로는 그것을 동물적인 요소로 보았다. 그가 월든 호숫가에 오두막을 지은 것도 그런 면을 덜어내기 위함이었을 것이다.

"자기 내부에서 동물적인 요소가 날마다 조금씩 죽어가고 신적인 면이 확립되어 가는 것을 확신하는 사람은 매우 행복한 사람이다. 자기와 결연되어 있는 저급한 동물적인 기질로 말미암아 부끄러워할 이유를 갖지 않는 사람은 아마 한 사람도 없으리라. 우리는 온갖 욕구로 가득 찬 피조물이다. 그리하여 어떤 면에서는 우리의 삶 자체가 바로 치욕이 아닌가 하는 생각이 드는 것이다."

문명의 삶은 어쩔 수 없이 욕망의 삶이다. 성공이라는 허울도 결국은 욕망의 실현을 다른 말로 부르는 것에 지나지 않는다. 내적 가치를 망가뜨리더라도 외적 실현에 매달리는 욕망이 늘 우리를 사로잡는다. 문명의 세계에 살면서 그것을 떨쳐내는 일은 어렵다. 소로는 그것을 저급한 동물적인 기질이라고 평했다. 그러나 세상에 태어나고 배우고 자란 우리가 문명과 그 욕망의 틀에서 벗어난다는 것은 가혹할 만큼 어렵다. 심지어 혼자 사는 이도 그런데 가족을 꾸리고 그 부양의 책임을 진 가장들로서는 그런 각성과 꿈을 지닌 것만으로도 대견할 일이다.

　　그래서 나이가 들면 전원으로 돌아가고 싶어지는 것일 게다. 물론 대부분은 생업을 마치고 은퇴하고 난 뒤에 그러고 싶겠지만, 그것은 또 다른 하나의 욕망의 연장선이기 쉽다. 입장에 따라 그 평가가 다르겠지만, 적어도 삶의 태도와 진정성에 있어서는 모든 이에게 존경받을 위대한 실천적 진보주의자 스콧 니어링은 그런 태도를 경계한다.

　　"우리의 시골생활은 상아탑에 은거하는 것과는 다르다. 우리의 시골생활은 미친 세상에서 제정신을 갖고 사는 삶의 한 예이자 본보기이다. 시골생활은 사회와 접촉하는 것 못지않게 중요한 자연과의 접촉 방법이다. 시골생활은 이 폭력적인 세상에서 남에게 해를 끼치지 않고 살게 해준다. 시골생활은 기존 사회 질서의 한 부분을 대신할 수 있는 바람직하고 흔치 않은 대안이며 비정상적인 정치에서 벗어날 수 있는 피난처이다."

　　그는 시골에서 유유자적한 삶을 원하지도 않았고 그렇게 살지도 않았다. 천박한 자본의 횡포와 그런 기조 위에 있는 사회의 비인격성을 정면으로 맞서기 위해서는 처절하게 그 틀을 거부하고 스스로 자립해야 한다는 실천의지로 도시를 떠나 버몬트 시골에 직접 집을 짓고 농사를 지으며 경제적 자립을 기반으로 자유로운 사상을 마음껏 발휘

했다. 스콧 니어링이었기에 가능한 일이었겠지만 우리도 그를 흉내라도 낼 수 있어야 한다. '저 푸른 초원 위에 그림 같은 집을 짓고' 사는 전원생활이 아니라 불필요하게 삶의 에너지를 낭비하지 않고 오롯하게 자신의 삶에 충실하는 철학과 영성이 있어야 한다. 그게 바로 소로가 말한 '신적인 면'이 확립되는 삶이다. 그것은 종교나 신앙의 문제를 떠나 영성적인 삶이다. 우리가 꿈꿔야 하고 부러워해야 할 시골의 삶은 바로 그런 삶이어야 한다. 곽희의 산수화관觀이 그랬던 것처럼. 아무리 몸이 자연에 있어도 정신이나 삶이 자연의 일부가 되지 못할 때 그것은 공간에서의 유체이탈일 뿐이고 새로운 욕망의 전원풍 삶일 뿐이다.

**어느 하나
허튼 게
있으랴**

　　몸이 가벼우니 마음도 여유가 생긴다. 주변을 둘러보니 형형색색 아름다운 꽃들이 낮게 깔렸다. 고지라서 높이 자랄 일이 없으니 모두 납작 엎드렸다. 유심히 바라보면 한쪽으로 누웠다. 바람이 주로 한 방향으로 분다는 뜻이다. 식물은 이미 온몸으로 관용을 실천하고 있다. 식물은 바람을 거스르지 않고 넉넉하게 받아준다는 태도로 몸을 한쪽으로 밀어놓는다. 굳이 저항해서 불필요한 에너지를 버릴 까닭이 없음을 안다는 듯.

　　꽃들은 높고 바람이 많은 곳에서는 낮게 엎드리고, 건조한 곳에서는 기꺼이 잎을 포기하면서까지 생존에 충실하다. 한쪽으로 낮게 누운 꽃들이 자세히 보니 참 예쁘다. 아마도 예쁘다기보다는 기특하다는 생각이 먼저 드는 건 아닌가 싶다. 물론 그마저도 내 눈으로, 내 판단으로 보는 것이겠지만 대견하다. 그리고 이 높은 곳에서 내게 그 아름다운 꽃과 빛깔을 드러내준 게 고맙다. 올라갈 때는 나무와 꽃들에게 그리 많은 눈길이나 마음을 두지 않았다. 물론 처음에는 모든 것이 신기하고 신비로웠으며 의도적으로 그것들을 많이 보려고 애썼다. 그러나 그건 딱 마낭까지만이었다. 고도 3,500미터의 마낭을 떠난 이후에는 꽃들이 훨씬 줄었음에도 내 숨도 버거운 까닭에 눈길 주는 일조차 귀찮고 버거웠다. 어쩌면 그렇게 힘들었을 내게 그 꽃들은 큰 응원이 되었을지 모르는데, 분명 그렇게 속으로 나를 응원했을지도 모르는데 나는 오직 내 입장에서만 바라보았을 것이다.

야크 카르카에서 틸리초 호수로 가는 길에서는 돌밭 틈새에서 꿋꿋하게 핀 솜다리꽃들만 눈에 담았다. 평지의 꽃들에 비하면 조금 초라할지 모르지만 그곳에서는 가장 아름답고 요염하다. 그런데 막상 꽃들과 마주하니 올라올 때 거의 눈길조차 주지 못하고 인사도 나누지 못한 채 지나친 꽃들에게 미안했다. 올라갈 때 보지 못한 꽃을 내려갈 때 보는 건 단순히 그렇게라도 해야 꽃을 만나고 누릴 수 있다는 의미도 있겠지만 올라갈 때 눈길조차 주지 않은 꽃들에게 미안함을 갚을 수 있기 때문이기도 하다 싶은 생각이 든다. 이쪽에서 소롱빠로 오르는 이들은 과연 이 꽃들에게 말 건네고 얘들에게 위로와 응원을 받을까? 나는 반대편에서 오를 때 그러지 못했지만 이쪽에서 오르는 이들은 꼭 이 꽃들은 봐주기를 기원해본다. 그 바람은 내가 만나지 못했지만 그 길 지나갈 여행자에게 건네는 인사이기도 하고 강복이기도 하다. 바람결에 타르초가 실어보내는 부처님의 자비가 때와 곳, 사람을 가리지 않고 두루 닿는 것처럼.

　　　내려가는 길은 다시 문명의 영역으로 접근하는 길이다. 나는 안다. 내가 곧 세속의 때에 묻힐 것이라는 걸. 그래도 이 길을 내려가면서 조금은 천천히 세속의 욕망에 길들여지고 올라갈 때 덜어낸 단순함과 결핍을 조금이라도 오래 기억하고 싶다.

　　　바람아, 꽃들아, 모두 나마스테!

관용은 인간과 삶에 대한 보편적 가치를 전제할 때 가능하다.

로크가 정교분리의 근대적 국가 출현의 사상적 기반을 제공한 것이
'관용'이라고 제시한 것은
그냥 관용을 베풀라는 도덕군자의 말이 아니라
관용의 정신을 실현하기 위한 사회와 가치관을 정립해야 한다는
근대정신에서 비롯된다.

이 길만 유일한 길이 아니다.
고개를 이쪽에서 저쪽으로 넘을 수도 있고
저쪽에서 이쪽으로 넘을 수도 있다.
내가 가는 길만 옳다는 것만큼 어리석은 일은 없다.

관용은
자유를

가능하게
한다

"저는 한마디로 말합니다. 성서의 분명한 구절들을 통해 신성한 말씀이 말한 그 어떠한 것도 부정하지 않는 사람들, 거룩한 문서에 명확하게 포함되어 있지 않은 그 어떤 것 때문에 분리를 만들지 않는 사람들은, 그들이 그리스도교라는 이름의 그 어떤 종파에게 나쁜 소리를 듣고, 그 일부이거나 전부이거나 간에, 그 종파에게 참된 그리스도교에게서 벗어났다고 선언되더라도 결코 이단자나 종파 분리자가 될 수 없습니다."

로크가 쓴 《관용에 관한 편지》는 1689년에 출간되었다. 관용이 허용되지 않던, 특히 종교에 더욱 엄격하게 허용되지 않던 시절에 쓴 것이니 관심이 컸을 게다. 출간된 지 몇 달 뒤 곧바로 재판을 찍을 정도였다. 당연히 교회는 불만이었고 교회의 고위 성직자가 가명으로 그것을 비판하는 글을 게재했다. 로크도 다시 반박의 글로 응했다. 그렇게 편지 공방이 서너 차례 반복되었다.

관용이 인격이며 근대성이다

로크는 인간의 영혼은 자유롭다고 확신했다. 따라서 모든 개인은 각자의 이성과 양심의 명령에 자발적으로 자유롭게 신을 믿어야 한다. 만약 강제적 권력에 의해 마지못해 믿는다면 그건 올바른 신앙이 아니다. 그러니 교회는 교회법으로 정한 신앙을 강요하기 위해 사람들에게 물리적 강제력을 행사하면 안 되고, 그럴 수도 없어야 옳다. 그런 로크의 정신은 자신을 정통파라고 고집하는 이들에게는 용납되기 어려웠다. 로크는 근대성의 중요한 인격의 본질로 관용을 들었다. 그는 죽을 때까지 종교의 관용 문제로 고심했다. 그건 그만큼 그가 살았던 시대의 종교가 비관용적이었다는 의미이기도 하다. 로크는 기독교의 진리라 하더라도 강요된 수긍이 아니라 관용을 가지고 이성을 통해 영혼의 내면으로부터 받아들이도록 해야 한다고 강조했다.

그가 마지막 남긴 관용에 관한 네 번째 편지가 '유고'로 출판되었다는 사실은 많은 것을 함축한다. 마지막까지 그 문제를 언급하지 않고는 차마 눈을 감을 수 없다는 학자적 양심과 여전히 견고한 종교의 편견과 맹목에 대한 원망이 작용했을 것이다. 그토록 관용을 주장했고 종교의 본질이 용서와 관용이며 자유라고 했거늘 철옹성처럼 버티는 수구의 방패에 대한 최후 일갈의 심정이기도 했을 것이다. 종교적 관용에 대한 그의 태도는 미국 헌법 초안에 그대로 반영되었다. 이처럼 관용은 근대성의 핵심에 또렷하게 자리를 차지한다.

로크의 정신은 존 스튜어트 밀의 《자유론》에 그대로 전승, 발전한다. 그는 다음과 같이 말한다.

"각 사람의 본성에 무엇이든 페어플레이 하기 위해서는 서로 다른 사람에게 서로 다른 생활을 허용하는 것이 긴요하다. 이러한 관용이 발휘된 시대일수록 후대에 주목할 만한 시대가 된다. 전제주의까지도 개성이 그 밑에 존재하는 한 최악의 결과는 일어나지 않는다. 그리고 개성을 말살하는 것은 그것이 무엇이든 전제주의다. 그것이 어떠한 이름으로 불리든, 또 그것이 신의 뜻 혹은 인민의 명령을 실행하는 것이라고 선언하더라도 역시 변함이 없다."

사람들은 자신의 생각이 절대적으로 옳다고 믿고 싶어한다. 그것이 없으면 자신의 삶이 지켜지지 않을 것이라 두려워한다. 그러나 그것은 자기 자신을 잃는 것이다. 그런 사람들이 타인의 삶에 관여하고 강요하며 자신의 뜻을 따라야 한다고 윽박지른다. 그게 야만이다.

밀은 덧붙여 말한다.

"사람들에게는 세속의 권력자 또는 신이 좋아하거나 싫어할 것이라고 생각되는 바를 맹목적으로 추종하는 노예근성 같은 것이 있다. 이것은 법이나 여론이 특정 행동을 촉구하거나 금지시키는 행동 규칙을 결정하는 또 다른 중요한 기준이 된다. 이 노예근성은 이기심을 근본으로 하나 위선적이라고는 할 수 없다. 그것은 마술사나 이단자를 화형시키는 것과 같은 극단적인 증오심을 낳는다. 한 사회의 도덕 감정이 형성되는 데는 여러 요소가 핵심적으로 작용한다."

관용은 증오와 맞선다. 그러나 면밀히 따져보면 그러한 증오의 속내는 자신이 중심이 된 이해관계 속에서 생겨나는 공감과 반감의 영향에서 빚어지는 부산물이다. 그런 것들이 얽히면서 타인을 자신의 굴레 안에 가두려 한다. 그건 폭력이다. 따라서 관용은 그러한 폭력에 대해 단호하게 거부하고 저항하는 것이다. 관용은 결코 물렁물렁한 무골호인의 몫이 아니다.

**누군가의
마음을 읽어야**

관용이라는 게 관념적이어서 대단한 건 결코 아니다. 그런 마음이 우러나는 마음의 깊이가 소중한 것이고 타자에 대한 공감의 힘이기에 가치 있는 것이다. 그것은 길도 마찬가지다. 우리는 길에서도 관용을 배우고 그 길에 밴 마음을 얻을 수 있다.

산티아고 순례길은 성 야고보의 무덤을 찾아가는 길이다. 그러나 그 길이 가톨릭 신자만 갈 수 있는 길은 아니다. 중간 곳곳의 성당과 교회, 병원과 다리, '알베르게'라는 여행자 숙소들이 그들만을 위한 건 아니다. 누구나 이용하도록 건설된 구조물들이다. 처음부터 그러지는 않았을 것이다. 무모한 십자군전쟁의 길이기도 했을 것이고 수많은 종교재판으로 처형된 이들이 끌려간 길이기도 했을 것이다. 그러나 그런 어리석음과 폐쇄성을 걷어내고 관용의 길로 서서히 바뀌었을 것이다. 내 길을 내주는 건 내 마음을 내주는 것이기도 하다. 그래서 지금도 수많은 이들이 그 길을 걸으며 삶의 흐름을 바꾸기도 하고 깊은 성찰을 경험하기도 한다. 그 길에는 그런 너그러움이 깃들어 있다. 그 길의 진정한 가치는 바로 그 너그러움이다. 배타적이고 폐쇄적인 것은 '나만의 것'을 지켜내는 뿌듯함을 줄지 모르지만 그것은 자신의 성 안에 갇혀 사는 삶이다. 길은 자신을 찾는 이들을 차별하지 않는다. 사람이건 동물이건, 바람이건 빗물이건 넉넉히 받아들인다. 그 길을 걸으며 그 넉넉함을, 관용을 가끔은 느껴야 하지 않을까.

관대함은 또한 휴머니즘의 고갱이이기도 하다. 유럽 사상사에서 스토아철학의 휴머니즘에서 관용의 개념이 처음 등장한 것은 의미심장한 일이다. 그러니 산티아고 순례길에서도 갈등과 적대감의 칼날을 벼리는 이가 있다면 그것은 슬픈 일이고 그 길에 대한 모욕이다. 그런 길에서는 화해와 관용을 주장한 에라스뮈스와 토머스 모어 등 르네상스 인문주의자들의 정신을 새삼 기억하면 좋겠다. 관용은 그 길을 걷는 모든 존재들이 찍어야 할 스탬프다.

**관용은
강자의
몫이다**

길은 장소와 장소를 이어주는 다리만은 아니다. 사람과 사람이 그 길을 통해 만나고 모든 것이 조우하는 곳이다. 그렇게 섞이고 부대낄 때 관용은 필수적이다. 관용은 주체적이다.

계몽주의의 관용은 인간 개개인을 이성적 '주체'로 파악하고 사상이나 이념이 다를 때 공개적으로 토론하여 각 개인이 종전에 지녔던 생각보다 더 나은 생각으로 진화할 수 있다는 믿음을 강조한다. 그러기 위해서는 나와 타인의 차이를 인정하고 그 차이에 너그러운 마음을 지녀야 한다. 그게 바로 톨레랑스tolerance다. 톨레랑스라는 말에는 '참는 것, 인내' 등의 의미가 깔려 있다. 서로 다른데 기분 좋을 리 없다. 그러나 그런 차이와 불편에 대해 참아야 한다. 그 참음이 관용의 뿌리다. 포용은 너그럽게 용서하고 용납하는 관용이다. 톨레랑스가 어느 날 갑자기 하늘에서 뚝 떨어진 게 아니다. 16세기 유럽의 종교 갈등과 분열(흔히 종교개혁이라고 부르는. 그러나 '종교개혁'이라는 말에는 기독교만 '종교'

라는 의미로 쓰일 수 있는 독소가 깔려 있다. 유럽인에게는 그런 뜻으로 쓰일 것이고 그래서 'The Reformation'으로 족할 것이다. 세계인의 시선으로 본다면 종교개혁이 아니라 '유럽 교회의 갈등과 개혁'이라고 해야 옳다)의 시기에 엄청난 대가를 치르고 깨달은 가치다.

앙리 4세는 낭트칙령을 통해 개신교를 허용했지만 광신적 가톨릭교도에게 암살당했다. 그의 관용이 엉뚱하게 갈등을 격화시키고 상호 학살의 끔찍한 악순환을 초래했다. 루이 14세 때에도 수십 만 명의 개신교도가 학살되었다. 그 악순환의 비인격성과 무모함을 경험한 인간 지성이 도출해낸 가치가 바로 톨레랑스였다. 당시의 톨레랑스는 나와 다른 신앙과 사상, 행동 방식을 가진 사람을 용인한다는 의미로 사용되었다. 나의 신념이 중요하다면 너의 신념 또한 소중한 것이고 마땅히 존중해야 한다는 깨달음의 결과였다. 이러한 관용 정신은 계몽주의 시대를 거쳐 체계적인 사회 조직의 원리로 발전했다. 그리고 정치적으로 중요한 가치로 인식되었으며 헌법적 토대를 마련했다. 관대함의 진화는 그런 점에서 근대와 현대를 관통하는 중요한 가치다.

약자는 스스로 자신을 지켜내는 힘을 지니지 못한다. 그래서 타인의 생각이나 힘을 빌어 자신을 보호한다. 그런 이에게 관용을 기대하는 건 어렵다. 그에 비해 진정한 강자는 자신을 고집하거나 자신의 능력과 힘을 과신하지 않는다. 어설프게 자신의 힘을 과시하려는 건 열등감의 발로다. 그런 사람은 타인을 너그럽게 품지 못한다. 그러나 외적인 권력이나 재력은 없어도 자기 내면이 튼실한 사람은 타인에 휘둘리지 않으며 동시에 타인을 억압하거나 강제하지 않는다. 따라서 진정한 관용은 참된 강자의 몫이고, 결국 관용을 지닌 사람이 진정한 강자가 된다.

볼테르의 강건한 문장은 관용의 속살을 가장 확실하게 드러낸다(볼테르의 말이 아니라는 설이 많지만 그 말의 주인이 누구냐가 중요한 게 아니다. 그 문장이 지닌 힘 자체로 족하다).

"나는 당신의 주장을 비난하지만 그것을 말할 수 있는 당신의 권리를 죽음으로 지키겠다!"

길은 누구에게나 열려 있다. 같은 방향으로만 걷지 않는다. 서로 다른 방향으로 걷기 때문에 마주치기도 하고 그래서 서로 손을 흔들거나 미소를 지으며 인사를 나눌 수 있다. 그게 길의 관용이 주는 즐거움이다.

함께한다는 것

묵티나트로

가는
길

묵티나트로 가는 길은 평화롭다. 하산 길이어서 느긋함으로 얻는 평화가 아니라 모처럼 초록색을 마음껏 눈으로 호강하기에 얻는 평화다. 마낭을 떠난 이후 이런 초록을 본 적이 없다. 여전히 해발 4,000미터쯤 되는 고지인데도 이상하게 이곳은 반대편과는 달리 풀도 제법 무성하고 길가 텃밭의 채소들도 실하다. 한참을 가니 저 아래 묵티나트가 보인다. 그러나 내 눈에는 사원보다 숲이 먼저 보인다. 숲이라니! 여기서 숲을 만나다니!

묵티나트는 네팔인에게도 인도인에게도 매우 중요한 성소다. 흔히 부처가 인도 출신이라고 생각하지만 부처가 태어난 룸비니는 바로 네팔에 있다. 우리가 그렇게 알게 된 건 영국이 인도와 네팔을 식민지로 삼고 있을 때 영국 학자들이 부처의 출생지를 인도로 잘못 표기했기 때문이란다. 네팔은 100루피 지폐에 '부처의 출생지 룸비니'라는 문구를 넣어 더 이상 왈가왈부할 문제가 아님을 못박았다.

**공존의
아름다움**

　　룸비니가 네팔의 영토라는 건 작은 나라 네팔이 자존심을 회복할 다행스러운 일이다. 흥미로운 건 그걸 가지고 무력 갈등을 겪지 않았다는 점이다. 예루살렘 성지가 기독교도나 이슬람교도 모두에게 성지인 까닭에 그토록 긴 세월을 두고 엄청난 피를 흘려왔고 아직도 그 분쟁의 불씨는 여전한 것과 비교하면 이들이 삶으로 보여주는 공존의 정신이 존경스럽기까지 하다. 그 대표적 성지가 바로 이곳 묵티나트다. 더 놀라운 것은 한 울타리 안에 힌두교 성지 사원과 불교 성지 사원이 함께 있다는 점이다. 이건 상상도 못한 광경이었다. 물론 힌두교 사원이 더 크고 찾는 이들도 많은데 아마 이곳이 멀리 인도에서까지 꼭 순례 와야 하는, 성지 중의 성지이기 때문일 것이다. 같은 울타리 내에서는 서로의 사원에 함께 방문하는 모습이 참으로 인상 깊다. 그 성지 안에서 모든 사람은 '우리'이다. 각자의 신앙을 '서로' 존중하는 성숙한 모습을 다른 어떤 곳에서 볼 수 있을까? 부처의 출생지 논란이 중

요한 게 아니라 그가 남긴 가르침이 지금도 인류의 가슴 속에 살아 숨
쉬고 있다는 점이 더 중요한 것이다. 21세기에도 여전히 한 줌도 되지
않는 이념의 차이로 앙앙불락하는 대한민국의 정치인들이 꼭 순례하
러 와야 할 곳이다.

**이질적인
것들과의
공존**

카트만두 시내의 궁전에서의 장면들이 떠올랐다. 네팔 사람들
은 손재주가 상당히 뛰어나다. 흑단(에보니)은 돌처럼 무겁고 단단한데
도 마치 무른 나무처럼 세밀하고 다양한 표현을 마음껏 구사한다. 궁
내부는 작지만 뛰어난 유물들이 전시되어 그 자체로 박물관이다. 아름
다운 불상 앞에서는 발길도, 눈길도 뗄 수 없다. 심오한 미소며 인자하
면서도 엄숙한 표정의 부처들. 네팔의 불상들은 특이하게도 두상만 존
재하는 것들이 많다. 아마 다른 불교 국가들에서는 펄쩍 뛰겠지만, 나
름의 까닭이 있을 것이다. 박물관의 전시물은 주로 불교 유물이다. 반
면 궁을 장식한 부조나 조각들은 힌두교 색채를 띤 것들이 더 많다. 초
기 불교가 힌두교에 뿌리를 두고 있기는 하지만 불교가 흥성했던 인도
에서는 공존하지 못했다. 그러나 여기서는 평화롭게 공존한다.

일단 숙소를 찾아 짐을 부리고 가볍게 성지로 올라갔다. 부지런한 순례자들이 이미 입구에 가득하다. 5천 미터가 훌쩍 넘는 곳을 넘어왔으니 4천 미터도 채 되지(?) 않는 곳쯤이야 끄떡없을 거라 여겼는데 오산이었다. 그러고 보니 계속해서 오르기만 했지 내려갔다 다시 올라간 적은 없다. 숙소에서 사원까지 가는 길이 1킬로미터 남짓하고 야트막한 언덕 오르는 수준인데 숨이 가쁘다. 방심과 교만으로 오판한 것이다. 조금만 잘났다 싶으면 뻐기고 우쭐하는 못된 습속의 허상을 체감한다.

순례자들은 경건하다. 반면 구경꾼인 나는 경건함보다는 호기심이 가득하다. 울창한 숲과 맑은 물 우당탕 흐르는 개울이 있다는 게 신기하다. 힌두 사원을 먼저 들렀다. 성지 안에 힌두교와 불교 사원이 함께 있지만 힌두 사원 쪽이 더 북적인다. 힌두 사원에는 신에게 정화받는 특별한 의미의 물이 있기 때문이다. 그러니 그 먼 곳 인도에서도 힘들게 찾아오는 것이리라. '정화의 성지'라는 것만큼 매력적인 곳이 있을까? 복을 빌고 내세의 행운을 기원하는 것이 아니라 살아온 날들의 때를 벗고 새로운 사람으로 거듭나겠다는 결의를 실현할 수 있다는 것은 순례자를 겸손하고 숙연하게 만든다. 108개의 물길마다 정죄 목록이 있어서 힌두교도라면 반드시 가봐야 할 성지다.

묵티나트 길에서 본 사람들의 표정이 평화로운 것은 이유가 있었던 것이다. 기원의 성지가 아니라 정화의 성지라는 건 참 아름답다. 며칠 동안 머물며 스스로를 정화하는 이들이 단순히 자기 종교에 대한 자부심과 우월감만 느낄 수는 없을 것이다. 관용과 조화를 눈으로 목격하며 삶으로 받아들이고 정화된 삶을 다시 때 묻지 않게 하려 근신하기 때문일 것이다. 108개의 물길은 인간이 지을 수 있는 거의 모든 죄를 다 포괄할 것이다. 설령 그 가짓수가 108개를 넘어도 신은 자비롭게 용서할 것 같다. 그렇게 각각의 물길에서 몸을 씻고 영혼을 정화하는 순례자들의 표정은 진지하고 행복하다. 묵티나트라는 말이 '신이 정죄, 정화시켜주는 곳'이라는 의미를 실감했다. 그런 점에서 이곳이 힌두교도에게 얼마나 중요한지, 왜 그들이 이 멀고 험한 길을 기꺼이 거슬러 오는지 알 것 같다. 힌두 사원은 난생 처음이다. 예식도 다르고, 형태도 달라서 처음에는 조금 어색하지만 본질은 크게 다르지 않기에 금세 그런 거리감은 사라진다. 나는 그것을 순례자들의 행복한 표정에서 읽는다.

가족이 함께 온 순례자들은 서로의 가족에게 강복하고 치하한다. 사랑하는 이들에게 내리는 강복의 청원보다 진하고 아름다운 것은 없다. 그래서 함께 온 가족들은 더 큰 행복을 맛보는 표정이 역력하다.

**나마스테,
그 공존의 인사**

불교 사원은 우리로 치면 비구니 스님이 관리하는 곳과 비구
스님이 관리하는 곳이 따로 있는 것 같은데 비구니 스님이 계신 곳으
로 들어가니 동자승들이 열심히 불경을 외고 있다. 마낭에서 봤던 라
마승들은 모두 어른이었고 그들의 독경은 매우 도도하고 깊은 울림이
있었는데 이곳 동자승들의 독경 소리는 마치 초등학교 아이들이 교과
서를 읽는 듯한 낭랑함이 귀엽다.

이른 아침, 다시 사원에 오른다. 한 번 가본 곳인데 이상하게
자꾸 끌리는 매력을 지닌 곳이다. 묵티나트의 이 조화로운 모습은 두
고두고 기억날 듯하다. 서로 시기하지 않고 갈등을 일으키지 않으면
서 함께 합장하며 인사하는 모습은 흔히 볼 수 있는 게 아니다. 순례자
들의 발걸음 하나하나 예사롭지 않다. 그래서 히말라야 설산과 고개를
넘고자 찾아온 나와는 전혀 다른 차원의 숭고함이 묻어난다. 사원을
나서는데 아침 바람이 풍경風磬을 흔들며 잠들었던 내 영혼을 깨운다.
상쾌한 하루다. 그 맑은 소리가 매순간 기쁘고 고맙게 살아가라는 당
부인 듯 들린다.

돈 많은 인도인은 가족을 이끌고 무스탕까지 비행기로 찾아와
차를 전세내 묵티나트까지 오는 호사를 누리지만 대부분의 가난한 인
도인 순례자들은 이곳까지 찾아오는 일이 녹록한 일이 아닐 것이다.
오직 이 순례를 위해 얼마나 많은 것을 포기하고 내핍했을까. 그런데

그들의 표정은 모두 평화롭고 행복하다. 사원 안의 네팔인 불교도들을 따가운 시선으로 보지도 않는다. 서로 존중하고 배려한다. 사람들의 세상에서 그보다 아름다운 것을 찾는 일이 흔하고 쉬운 일이 아닐 것이다. 나는 그들이 공존하는 각자의 사원에서 서로에게 인사하는 모습이 너무나 인상적이어서 한참을 바라본다.

겸손하면 공존할 수 있다. 겸손은 가장 우월한 자기표현이다. 자신을 낮추는 것보다 더 우월한 당당함은 없다. 힌두교도들과 불교도들이 함께 성지를 찾아 경배를 드리는 모습이야말로 위대하지 않을 수 없다. 오만과 편견, 독선과 아집, 탐욕과 갈등을 내려놓고 함께 격려하고 도닥이며 사랑과 자비를 무한무량으로 나누면서 살기를 고대하며 힌두 사원에, 그리고 불교 사원에 손 모아 그들의 신에게 경의를 표한다.

"나마스테!"

함께한다는 것, 그것은 자연의 이치며
인간이 배워야 할 가장 중요한 깨달음이다.
상대가 나와 다를 때 다른 점을 찾는 것보다
같거나 비슷한 점을 찾아보면
공감과 공존의 가능성이 커진다.
서로 사랑하며 살기에도 모자라고 짧은 삶인데
조금 다른 게 뭐 그리 대단하고 중요하다고
헐뜯고 미워하고 싸우는가.
좋은 점만 보고 살기에도 바쁘고 짧다.

"성불

하십시오"

　　오래전 '부처님 오신 날'에 신문을 읽다가 흐뭇했던 기억이 새삼스럽다. 명동성당에서 법정 스님의 다큐 시사회가 있었는데, 추기경과 동자승들이 천진하게 기대고 부비며 행복하게 활짝 웃는 사진과 더불어 천주교 신자들과 불자들이 함께 영화를 봤다는 기사였다. 사실은 조계사에서 먼저 시작된 일이다. 한 해 전 김수환 추기경에 관한 영화를 조계사에서 상영했었다. 그러니까 명동성당에서의 시사회는 그 답례라 할 수 있다. 어쨌거나 보기에 좋았다.

　　초파일을 며칠 앞두고 친구 서넛이 북악산 둘레길을 함께 걷다가 길상사에 들렀었다. 한 친구가 독실한 불자라서 일부러 그 코스를

244

넣었다. 그는 어설픈 스님보다 훨씬 불심이 깊고, 불교에 대한 이해도 꽤 깊고 넓으며 무엇보다 그것을 문자가 아니라 삶으로 꿋꿋하게 실천하는 불자라서 존경스럽다. 귀한 날이니 그 친구와 함께 절을 찾아가기에 딱 알맞은 날이다.

길상사는 법정 스님이 회주로 있었기에 그분의 체취가 잘 배어 있는 절이다. 성북동 조용한 도로에 접해서 속세와 불계의 경계를 자연스럽게 허무는 자리가 마음에 든다. 일주문을 들어서서 야트막한 언덕길을 오르면 제일 먼저 눈에 띄는 게 관음보살상이다. 그런데 사람들은 그것을 '마리아보살'이라고 부른다. 그렇게 부르는 데에는 사연이 있다. 길상사에 관음상을 모시기로 했는데, 법정 스님은 엉뚱하게 그 제작을 최종태 선생에게 맡기기로 했다. 최종태 선생은 대표적인 가톨릭 조각가다. 명동성당의 예수상도 그의 작품이다. 이 땅의 대부분의 예수상이나 성모상이 서양인의 모습인 데 반해 그의 조각들은 아주 단아하고 고졸古拙한 한국인의 모습이다. 간결한 생략과 부드러운 선이 빚어내는 그의 조각은 확실히 우리의 정서를 잘 나타낸다.

불자들은 스님의 결정을 탐탁지 않게 여겼다. 당연한 일이다. 뛰어난 불교 조각가들이 얼마나 많은가? 당연히 절에 모실 관음상은 그분들께 맡기는 게 상식적인 판단이다. 그러나 법정 스님의 고집이 더 셌던 모양이다. 결코 실망하지 않을 거라고, 관음보살의 정신을 우리 정서에 가장 잘 맞게 표현해주면 되고, 그가 영성의 눈을 가지고 있으면 되지 않느냐고 설득했다. 길상사에 그 관음상이 세워졌을 때 많은 사람들이 마리아 닮은 관음보살이라고 했단다. 그래서 '마리아보살'이라는 별명이 생긴 것이다. 길상사 신도들도 그 관음상을 좋아하는 것 같다. 그 관음상을 받아들인 길상사 불자들의 넉넉한 그릇이 고맙다. 한 사람의, 그리고 그와 함께하는 사람들의 그릇의 크기가 우리에게 좋은 선물을 남긴 셈이다. 우리는 길상사에서 만나는 이들에게 살갑게 인사한다. "성불하십시오."

화이부동의 가르침을 되새기며

공자는 군자는 함께 어울리되 자신의 결은 놓치지 않는和而不同 반면 소인은 같아지면서 정작 어울리는 못하면서 자신의 결은 잃어버린다同而不和고 일침을 가했다. 사실 종교만큼 자기 정체성에 충성도가 높은 것도 드물다. 하지만 내 신념이 존중받으려면 다른 신념에 대해서도 존중하고 배려해야 한다. 그렇지 않으면 오만과 독선에 빠지거나 급기야는 갈등과 폭력을 낳는다. '다른 종교'가 아니라 '이웃 종교'라는 최소한의 배려는 그래서 필수적이다. 어떤 이는 절에 가서도 부처님께 인사조차 하지 않는다. 그의 신념이 그렇게 만들었을 것이다. 그렇게 가르치고 배웠기 때문이다. 그걸 탓할 수만은 없다. 그러나 그 집의 주인에게 인사쯤은 하는 아량과 예절은 갖춰야 한다. 두 손 모아 합장해서 인사하는 것만으로도 부처님이나 스님들이 흐뭇하게 답해주실 것이다.

우리의 현실은 종교 간의 교류와 화합에도 미치지 못하는 것 같아 안타깝다. 이 좁은 땅에서 지역으로 갈리고 정치적 호오로 나뉘고 가진 자와 못 가진 자로 찢기며 서로를 불신하고 비난하기만 한다. 그러면서 말로는 태연하게 단일민족이니 어쩌니 하는 걸 보면 참 답답하고 한심스럽다는 생각이 절로 든다. 심리학자들에 따르면 소리를 지르는 건 상대가 내 말을 들어주지 않을 거라고 생각하기 때문이라고 한다. 그렇게 판단하기 전에 내가 상대의 말을 너그럽게 들어줄 마음이 있다면 소리 지를 까닭이 없다. 요즘은 너 나 없이 그저 소리만 질러대는 사람들로 넘쳐난다. 심지어 방송에서도 그런 캐릭터들이 뜬다. 소음을 넘어서는 수준이다. 그런데도 별로 개의치 않는다. 세상이 모두 소리를 꽥꽥 질러댄다. 그런 세상이 되었다.

앞에서 말했던 것처럼 네팔 사람들의 인사말 나마스테는 아름답고 겸손하며 위대한 인사다. 상대방을 나의 이해관계에서 셈하고 판단하는 게 아니라 그의 신념과 정신까지도 존중하고 예를 다하는 것이다. 그런 인사를 마음 깊이 동감하며 실천하는 사람들은 공자가 말한 화이부동의 군자의 모습 그 자체다.

어떤 이는 내가 절에 가는 것도 그렇거니와 대웅전에 들어가서 합장하며 부처님께 인사하는 게 영 마뜩잖은 눈치다. 내가 가톨릭신자인 걸 아니 더더욱 그럴 것이다. 그러나 나는 전혀 개의치 않는다. 부처님의 집을 찾았는데 인사를 하는 건 당연한 일이고 스님들께 합장하며 인사드리는 것도 허물은커녕 마땅히 따라야 할 예의다. 내가 대웅전의 부처님께 예를 갖추어 올리는 인사는 나를 위해서가 아니라 불자들의 평화와 자비를 위해서고 그들의 밝은 빛이 속세를 비추게 해달라는 염원이다.

나는 불가에서 "성불하십시오"라는 인사처럼 멋진 건 드물다고 믿는다. 불자에게 그보다 더 아름다운 강복의 인사는 없다. 성불成佛이란 내 안에 있는 불성을 온전히 깨닫고 꺼내어 내 삶으로 드러내는 것으로 이루어진다. 물론 오랜 수양과 동안거와 하안거를 비롯한 용맹정진의 과정도 필요하지만 성불의 화두는 초발심의 불성을 되살려내며 스스로 부처의 삶으로 진화하는 것이다. 그러니 '성불하세요'라는 기원은 상대뿐 아니라 그 인사를 건네는 자신에게도 해당되는 말이다.

함께 어울려 산다는 건 쉬운 일은 아니지만 그만큼 가치 있고 아름다운 일이다. 그런데 그저 나만 생각하고 내 이익에만 몰두하여 다른 이들에게 상처주고 소금까지 뿌리는 일들을 너무 많이 본다. 그런 모습을 보면서 사람이 나무만도 못하구나 하는 생각이 든다. 나무들은 같은 땅에 함께 자라면서 서로에게 자리를 내주고 제 몫만큼만 차지하며 어울려 산다. 옆 나무 쪽으로는 가지와 잎을 내지 않는다. 나무는 그렇게 함께 사는 배려를 실천하기에 함께 숲을 이룬다. 적어도 나무보다 못한 사람이 되지는 말아야 하겠다.

길상사를 나와 천천히 삼선교 방향으로 내려오는 길에는 많은 절과 수도원 그리고 교회들이 평화롭게 공존한다. 서울에서 가장 '성스러운' 길이 그곳이지 싶다. 그런 길을 그저 구경삼아 누비는 건 아쉬운 일이다. 곳곳에 배인 영성의 깊은 성찰과 신심을 도닥이며 겸손하고 조용히 걷는 것만으로도 행복할 길이다. 그 길을 걸으며 공존의 가치를 깨닫고 다지는 건 고마운 선물이다. 서로의 영토를 존중하고 침범하지 않으면서 자신의 주장만을 요구하지 않고 상대의 신앙을 존경하는 것, 그것만큼 성스럽고 평화스러운 건 없다. 봄바람이 온유하게 언덕을 타고 올라온다. 그 바람이 우리를 감싼다. 그것만으로도 충분히 행복하다.

모든 삶에는 오아시스가 있다

안나푸르나에서

오아시스를
만나다

사막을 오래 걷는 사람이 오아시스를 만나면 어떤 느낌이 들까 늘 궁금했다. 안나푸르나 라운드에 오아시스가 있다. 바로 무스탕이다. 인간의 때가 가장 덜 묻어 있으면서도 원초적이며 편안한 아름다움을 간직하고 있어 유럽인이 상당한 비용을 지불하면서도 찾는 곳이란다. 베시사하르에서 떠날 때부터 무스탕에 관한 이야기를 들었다. 차메에서 뜻밖의 사과 과수원을 만나 황홀한 듯 바라봤더니 가이드가 웃으며 말한다. "무스탕에 가면 온통 사과 밭인 걸요. 진짜 사과는 거기에 가서 먹어봐야 해요." 그렇게 말하면서 은근 입맛을 다시는 걸 봐서 무스탕은 꽤나 풍요로운 곳일 것이라 짐작했다. 사방이 척박한 곳에서 기적처럼 만나는 작지만 풍요로운 곳은 이미 그 자체로 오아시스다. 멀리서 무스탕의 도시 좀솜을 바라보는데 이미 그 자체가 오아시스임을 직감적으로 느꼈다.

무스탕으로 오는 길은 눈이 호사롭다. 풍부한 물, 넓게 펼쳐진 귀리 밭, 온갖 꽃이 줄지어 핀 모습은 지금까지 본 모습과 사뭇 다르다. 사실 내가 가는 길은 무스탕의 복판이라 할 수 없다. 무스탕은 따로 입장료를 받으며 내가 가는 길과는 상관이 없는 곳이란다. 주州는 무스탕이지만 '진짜 무스탕'은 아니라는 뜻이렸다. 어쨌거나 무스탕의 주도인 좀솜은 매우 큰 도시다. 길게 늘어선 가게와 롯지들은 마치 서부영화 세트장 같다. 사람들의 입성도 꽤 화려한 걸로 보아 경제적으로 윤택한 곳인 듯하다. 큰 사원은 마치 의사당처럼 화려하고 당당하다. 안나푸르나 라운드에서 처음 보는 규모의 엄청난 버스 터미널이 낯설 정도다. 수양버들이 흐르는 개울 위에 머리 감을 듯 가지를 내린 모습은 어릴 적 보았던, 개울가에 늘어선 모습을 그대로 연상시킨다.

시장은 온갖 물건이 다 진열되었다. 상인들은 열심히 호객하고 아이를 업은 아낙들은 아이들 옷을 사면서 수줍은 웃음으로 행복을 드러낸다. 오랜만에 보니 그렇게 사람들 모여 사는 모습이 뜻밖에 반갑고 뭉클하다. 이곳의 특산물이라는 사과도 사먹는다. 아직 채 익지 않아서인지 크기는 자그마한데 맛은 제법 좋다. 사과 주스도 몇 병 산다.

한국에서 먹던 사과 주스와 달리 걸쭉한 게 진한 토마토 주스 원액을 마시는 느낌이다. 이것저것 구경하다 깔끔한 식당으로 들어간다. 2층의 식당은 서구적이고 발코니까지 있어 한가롭게 발코니에서 거리를 내려다보며 사람들 구경하는 재미도 쏠쏠하다.

순례자와 트레커가 섞여 있는 도시 좀솜

좀솜에서 묵티나트로 올라가는 사람들은 두 부류다. 한 집단은 나처럼 소롱빠를 넘어가려는 트레커들이고 다른 한 집단은 묵티나트 성지를 찾는 순례자들이다. 서로 바라는 바나 목적한 바는 다르지만 그 길을 함께 걷는다. 그리고 그렇게 함께 걷는 속에서 서로의 삶을 교환한다. 그게 길에서 만나는 삶의 기쁨이다. 그걸 누리지 못하면 그저 어둠 속에서 길을 기계처럼 걷는 것과 다르지 않다. 오르는 이들이나 내려가는 이들이나 품은 속내는 각자 다르더라도 같은 여정의 행자라는 점에서 우리는 모두 동지다. 그렇게 서로에게 행운을 빈다.

점심 식사 후 잠깐 시내를 산책하다 한국에서 온 대학생들을 만났다. 워낙 한국인이 많이 오는 곳이라서 그리 어려운 경험은 아니다. 그러나 소롱빠를 향해 올라오는 길에는 트레커들뿐이어서 롯지에서는 간간이 만날 수 있었다. 시내에서 청년들을 만나는 건 또 다른 느낌이다.

히말라야 트레킹에서 만난 한국의 청춘들을 보며 처음에는 부럽고 대견했다. 우리는 누리지 못한 도전과 행복을 누리는 것이 뿌듯했고 보기 좋기만 했다. 그러나 그들과 이야기하면서 밝은 면만 있는 건 아니라는 걸 알았다. 힘들고 지쳐서, 이러다가는 그대로 쓰러질 것 같아서, 혹은 혹사당하는 자신이 너무 한심하고 가련해서, 미래의 희망이 없는데 하고 싶은 거라도 해봐야 덜 억울할 거 같아서 결행했다는 청춘도 있다. 여기 한 번 오려고 휴가며 월차며 쓰지 않고 모았는데 그렇게 오래 자리를 비울 거면 아예 사표를 쓰라고 빈정거림 반, 압박 반 누르는 통에 홧김에 사표를 던지고 떠났다는 이야기를 들으며 어른으로서 미안하고 부끄러웠다. 전우익 선생의 《혼자만 잘 살믄 무슨 재민겨》와 장 피에르 카르티에가 쓴 《농부 철학자 피에르 라비》가 새삼 떠오르는 안나푸르나의 파라다이스 무스탕에서의 청년들과의 해후다.

"인생이란 선택이 아니라 인연이구나 싶어요. 나무에서 떨어진 씨가 그대로 박혀 있어야 싹터 자랍니다. 굴러다니면 말라버립니다." 전우익 선생의 말이다. 선택은 셈이고 자기중심적이다. 그러나 인연은 관계고 공존이다. 서로 씨가 되고 그 씨를 덮어주는 잎이 되어 사는 것이다. 혼자 사는 건 사는 게 아니다. 그러니 나 혼자만 잘 살아봐야 그건 재미있는 삶이 아니라는 선생의 말씀은 그냥 재미를 위해 사는 삶을 말하는 건 물론 아니다. 제대로 사는 건 더불어 사는 것이고 그게 진짜 사는 맛이고 재미라는 것이다. 그의 말은 그대로 세대 간의 공감과 역사의식을 관통한다.

"나는 언제나 휴머니즘, 그러니까 인간의 가치에 민감했습니다. 계급 사회의 가장 밑바닥에서 나는 권력을 가진 사람들의 눈에는 인간의 가치가 그다지 중요하지 않다는 것을 알게 되었습니다. 그럼에도 사람들은 정신 이상자들처럼 전혀 창조적이지 않은 일로 되돌아갔습니다."

피에르 라비의 말이다. 공감의 눈은 아래에서 느끼는 것이지 위를 향한 공감은 선망이고 욕망일 뿐이다.

누구에게나 삶은 진지하고 가치 있다. 그러니 보다 더 나은 세상을 마련하여 모두가 그 꿈을 실현하는 세상을 함께 꿈꿀 일이다. 척박한 고산지대의 은청빛 사슴들도 서로 어울려 사는데 인간이 그보다 못해서야 되겠는가. 저 청년들이 이 길을 올라가면서 '누군가'를 기억할 수 있기를 바란다. 기억할 사람이 없는 삶은 불행한 삶이다.

한 걸음만 헛디디면 곧바로 죽음으로 이어지는 험로에서 서로의 안전을 빌어주는 공동체 느낌은 누가 시켜서 생기는 것이 아니다. 내 삶의 길목에서 만난 모든 사람을 위해 저절로 기도할 수 있음을 경험하는 것이 그들의 미래에 힘이 되길 소망한다. 매순간 틸리초 호수로 가는 길의 그 가파른 쇄석 좁은 길에 서 있다고 생각하면 어느 누구인들 지워낼 사람이 없다. 그 청년들 또한 평지에 돌아가서도 가끔은 그 경사면 험로를 기억할 수 있다면 많이 너그러워질 것이다.

　　매순간을 빡빡하게만 살 수는 없다. 그러나 따지고 보면 우리 삶의 매순간이 그런 것들이다. 다시는 돌아오지 않을 시간이고 사건이다. 그런데 일상이라서 놓치거나 가볍게 여길 뿐이다. 누구든 어떤 길을 택하든 분명히 그만한 가치가 있음을 알기에 간다. 그대에게 가는 길 또한 그대가 얼마나 대단한지를 상징하는 것이라면 그대가 어찌 소중하지 않을 수 있겠는가.

　　시시하게 살지 않아야 그대를 시시하게 대하지 않을 것이다. 소중하고 귀한 것은 결코 쉽게 얻을 수 없고 쉽게 얻어서도 안 된다. 그러니 허투루 살 수 없다. 무스탕에서 만난 그 애틋한 청년들이여, 그대들에게 축복이 있기를! 그대들의 미래 곳곳에 이곳 무스탕 같은 오아시스가 있기를!

혼자 살아나는 게 아니라 함께 살아갈 세상을 꿈꾸기를.
어른은 반드시 청년의 삶에 주목하고 관심을 기울이며
세상을 바꿔줘야 한다.

오아시스는 길에서 우연히 만나는 선물이 아니라
앞 세대가 다음 세대를 위해 파놓은 우물이다.
인생에는 반드시 오아시스가 있다.
어떠한 형태건 내용이건.

아프지
마라,

청춘이여

히말라야를 찾는 한국인을 많이 만난 것도 아니고 그저 몇 사람 만났을 뿐이니 섣불리 말하기는 어렵지만, 그이들 대부분은 비정규직 일자리를 갖고 있는 혹은 가졌던 사람들이었다. 내가 히말라야 길에서 만났던 이들 가운데 확실하게 '정규직'인 한국인은 딱 두 사람이었다. 묵티나트 경찰서 앞에서 우연히 만났던 군인과 경찰로, 그들은 산악 구조 훈련을 위해 파견 나온 사람들이었다. 그들은 히말라야로 여행이 아니라 '출장'온 사람들이었으니 그들은 제외하고는 내가 만난 여행자들은 모두 비정규직이었던 셈이다.

영화 일을 하다 왔다는 청춘도 있었다. 남들 보기에는 화려한 영화 일도 그 안으로 들어가면 양극화의 집대성이다. 티켓 파워가 큰 주연 배우에게는 엄청난 출연료를 주면서 정작 영화를 만드는 일에 종사하는 사람들에게는 임금 체불이 일상사고 그나마도 떼먹는 일이 허다하단다. 게다가 사람을 키우는 일에는 무관심해서 쓰고 버리는 일회용 처리가 다반사다. 꿈을 이루기 위해서는 참아야 한다지만 그건 착취의 논리고, 설령 그렇게 살아남아 어느 정도 성공하는 이들도 있지만 극소수에 불과하다.

한때는 젊은이들이 부러웠다. 무엇보다 청춘의 시절에 능력만 되면 혹은 힘들게 저축해서 마음껏 해외여행을 떠날 수 있다는 사실 자체만으로도 부러웠다. 우리 때는 꿈도 꾸지 못하던 일이었다. 특별하지 않으면 여권 자체가 발급되지 않았던 시절이었다. 그러나 그 대신 우리 세대는 취업 걱정은 크게 하지 않았다. 죽어라 일만 했다고 푸념할지 모르지만 적어도 생계에 대한 두려움은 없었다. 지금보다 가난했던 시절, 물려받을 재산이랄 것도 없는 처지에 마음에 들면 과감하게 이성에게 대시했고 확신이 서면 결혼을 결심했다. 취업은 보장되었으니 한 가정 꾸려갈 일이 걱정스럽지 않았기 때문에 가능한 일이었다.

내 생각으로는 지금의 40대가 가장 행복한 세대가 아닐까 싶다. 취업 걱정 별로 하지 않은 마지막 세대이며 잠깐이나마 교복자율

화를 누렸고 청년 시절에는 보란 듯 해외여행이나 연수를 떠났으며 신혼여행은 '당연히' 해외로 떠나는 것이라 여긴 첫 세대였다. 이제 그들이 사회의 주역이다. 그런데 그들의 자녀는 지금 어떻게 살고 있는가? 기성세대들이 다음 세대에 공감과 의무감이 부족한 건 물론 자기네 사는 것도 버겁고 힘들다는 변명이 통할지 모르지만 그건 '비겁한 변명'일 뿐이다. 지금 현실에서 신음하는 젊은이들에 대해 최소한 죄책감을 가져야 한다.

　가게에서 일하는 이들이 대부분 젊은이다. 생계를 위해 일하는 청년도 많다. 그가 1시간 일해서 버는 돈으로 그가 만든 커피 한 잔 마실 수 있다. 어떤 이는 그렇게 모은 돈으로 생활하기도 하고 혹은 그 돈을 모아 유럽이나 히말라야 여행을 꿈꾸기도 한다. 열심히 일해서 버는 돈이니 그들의 노동과 임금은 그 자체로 신성하다. 그러나 과연 자신의 노동이 공정한 대가를 받고 있는지를 우리 모두 물어야 한다.

　뜻밖에 최저임금에 대해 아는 이들이 별로 없다. 시급이 얼마인지, 최저임금이 얼마인지 모르는 건 그런 삶을 살지 않았기 때문이고, 아직은 가족 가운데 그런 사람이 없거나 혹은 그런 나이가 되는 자녀가 없기 때문일 것이다. 그러나 지금 운 좋게 일자리를 가진 사람도 삐끗 한 걸음 잘못 디디면 그대로 추락해서 최저임금에 연명해서 살아야 한다. 그 낭떠러지가 히말라야 깊은 계곡에만 있는 게 아니다. 우리의 매일매일은 다 그렇다. 나 혹은 내 가족의 일이 아니라서 나 몰라라 할 일이 아니다. 동시대인의 삶에 대해 공감하지 못하면 내가 그런 형편에 내몰렸을 때 누가 나를 버텨주고 지켜줄 것인가. 이제라도 좀 더 적극적으로 청년 세대에 대해 공감하고 그들을 위한 대안을 만들도록 노력해야 한다. 히말라야에서 기쁘게 만났어야 할 청년들의 모습에서 이렇게 아프게 그들의 삶과 시대를 느껴야 하는 건 안타까운 일이고, 그 자체로 비극이다. 그런 비극은 이제 끝내야 한다.

절망은 그대들의 몫이 아니다

히말라야로 떠나온 청년들은 무슨 생각을 했을까? 세상의 여러 문물을 두루 보는 여행 대신 종일 걷기만 하고 같은 풍경을 지루하게(?) 바라보기만 하는 이 고행을 선택한 이유는 저마다 달랐을 것이다. 하지만 그 극단의 선택은 어쩌면 더 이상 세상의 여러 모습을 보면서 희망을 갖기보다 비교를 통한 상대적 절망감 대신 절대고독과 문명이 모두 제거된 원초적 모습을 보며 자신과 대면하고 싶었기 때문은 아니었을까?

청춘에게 절망은 어울리는 말도 아니고 그들이 선택할 주제도 아니다. 히말라야로 떠나온 청년들은 절망이라는 말도 사치라고 여기며 근원적 자기성찰을 통해 담대하게 삶을 이끌어가려는 새로운 각오를 다지기 위해서였을 거라고 짐작할 뿐이다. 그러나 다시 돌아간 일

263

상에서 그들이 만나야 하는 매운 현실은 엄연히 상존한다. 그들을 위해 한 뼘이라도 더 나은 세상 마련하는 일에 작은 힘이라도 보태야 하는 게 이 산을 내려온 내 몫이리라.

힘들고 매운 노동의 대가로 받은 최저임금을 꼬박꼬박 모아 이 여행을 떠나온 젊은이들이 치렀을 삶의 모습은 상상하기 어렵지 않다. 그렇게 끝내 포기하지 않고 그 작은 꿈이나마 이뤄낸 가상한 청춘들이다. 어퍼피상에서 만나 소롱빠까지 동행했던 잘생긴 청년 영진은 해병대를 제대하고 미국에 어학연수를 가서 닥치는 대로 일을 했단다. 연수 비용조차 제 힘으로 마련한 듯한 그 청년은 그렇게 돈을 벌었고 생활비를 제외하고 저축해서 어머니를 모시고 히말라야와 인도 여행을 마련했단다. 여행하면서 가장 보기 좋은, 그래서 부러운 모습이 '아들과 엄마'의 여행이다. 딸과 엄마의 여행은 결혼 후에도 실행할 수 있지만 아들과 엄마의 여행은 어려울 것이다. 살뜰하게 엄마를 보살피는 그 청년을 지켜보며 동행하는 여정은 내내 행복했다.

그렇게 각자 힘든 과정을 거치고 히말라야에 온 청년들의 표정은 맑다 못해 깨끗했다. 그것은 모순된 사회와 체제를 용서해서가 아니라 잠시라도 그 지옥에서 벗어나 온몸으로 자유와 자아를 만끽하는 데서 오는 행복 때문일 것이다. 씩씩하고 맑은 청년들을 보면 그저 고맙고 대견할 뿐이었다.

자연 앞에 서면, 특히 히말라야처럼 인간으로서는 도저히 어쩔
수 없는 압도적인 자연 앞에서는 누구나 알몸뚱이 그대로 감당해야 한
다. 거기에 권력과 재산과 명예가 무슨 의미가 있을 것이며 무슨 힘이
있을까. 거기에서는 당당한 청춘의 힘이 가장 강력하다. 히말라야에서
그것을 가득 충전할 수 있다면 그들의 삶은 결코 고난하지도 고독하지
도 않을 것이다. '이겨내는 힘'은 청춘의 특권이다. 물론 이 힘으로조차
이겨내지 못하는 구조적 모순을 해결해야 하는 것은 선배 세대의 몫이
고 의무다.

**삶의
오아시스를
발견하기를**

돌아보면 내가 건너온 청춘의 강이라고 크게 멋지고 화려한 건
아니었다. 감시와 억압, 통제와 명령에 길들여지지 않으려 저항하고
맞서 싸운 건 자부심을 느낄 일이지만 그렇다고 세상을 바꾼 것도 아
니었다. 우리의 저항은 늘 깨지고 터지는 일이 다반사였다. 그나마 잠
깐의 승리를 거둔 87년의 일은 20대 끝자락쯤의 뿌듯함은 주었을지 모
르지만 금세 권력은 복장만 바꾼 군인들에 의해 지속되었다. 옴치고
뛸 수 없는 울타리에 갇힌 채. 그래도 꿈을 포기하지 않았고 절망조차
사치라 여겼다. 그래도 정작 사는 데에는 크게 어려움이 없었다. 대학
을 졸업하면 거의 다 취업을 하고 어려울 것 없이 가정을 꾸렸다. 그럭

저럭 살아온 게 서른 해 가깝다.

딱히 내세울 것도 없는 삶이었고 잠깐이라도 화려한 시간을 만끽하거나 훌쩍 멀리 떠나 나만의 시간을 온전히 누린 삶도 아니었다. 그래도 매순간 치열했고 그런대로 적자는 아닌 삶을 살았다. 그러나 자식 세대인 지금의 청춘들의 삶을 바라보면 죄책감과 모멸감을 느낄 수밖에 없다. 부모보다 나은 삶을 살아야 하는 게 자식 세대의 몫이고 권리다. 그런 삶을 마련해주는 게 부모의 의무다. 그러나 부모는 부모대로 힘들고 세상이 매워서 제 몸 건사하기도 버겁다. 그래서 청춘들을 공감할 틈이 없고, 그러니 대책을 세우거나 환경을 마련해주지도 못한다. 그러면서 격려인지 조롱인지 청춘의 삶은 원래 그렇게 시련을 겪는 것이며 그 뒤에는 저절로 좋은 삶이 올 거라고 지껄인다. 그건 기만행위다. 부끄러워하고 미안해해야 하는 게 먼저다. 아프니까 청춘이라는 건 조롱이지 격려가 아니다. 어디가 아픈지, 왜 아픈지, 그 병을 이겨낼 방편이 있는지를 먼저 묻고 따져야 한다.

지금의 청춘들은 사막을 횡단하는 것과 다르지 않아 보인다. 사방이 트여 있지만 방향을 잡을 수 없다. 거기가 거기 같고 여기와 저기가 다르지 않다. 가도 가도 끝이 없고 태양은 무자비하게 뜨겁다. 그러다 밤이 되면 갑자기 영하의 빙원처럼 매서운 추위가 급습한다. 그 추위 피할 어떤 공간도 없다. 하늘엔 별이 총총하지만 별자리를 헤아릴 지식은 부족하니 그저 하늘 가득한 별무리들일 뿐이다. 낮이건 밤이건 제 몸 하나 피할 곳 없는 고립무원의 사막에 청춘이 걷고 있다. 그저 걷고 있을 뿐. 그러나 그는 계속해서 앞으로 나아간다. 그 자리에 멈추면 끝내 사막에 갇혀 죽을 것이라는 공포뿐. 나 역시 아직 한 번도 사막에 가본 적 없으니 그 체험을 실감할 수 없고 공감이라는 것 또한 관념일 뿐 그들에게 물 한 병 건네지 못한다.

그러나 생텍쥐페리의 《어린 왕자》에 수록된 한 구절을 전하고 싶다. "사막이 아름다운 건 어디엔가 샘을 감추고 있기 때문이야." 사실 이 구절은 지금 사막을 헤매고 있는 이들에게는 위로도 아니다. "사람들은 어디에 있어? 사막은 조금 외롭구나." 그러나 사막의 뱀은 말한다. "사람들 속에서도 외롭기는 마찬가지야." 생텍쥐페리는 사막을 경험한 사람이다. 그러니 그의 말은 어느 정도 얻어 써도 공감의 한 귀퉁이를 빌릴 수 있을 듯하다. 내 청춘이라고 푸른 초원이나 사방으로 터진 고속도로는 아니었다. 그저 무미하고 딱딱한 아스팔트였다. 때론 거기에서 투쟁하고 깨지기도 했고 삶을 마련하기 위해 그 길을 달리기도 했다.

나 역시 여전히 오아시스는 찾지 못하고 있다. 어쩌면 끝내 못 찾을지 모른다. 어쩌면 그저 달리느라 채 발견하지 못했거나 알아채지 못했을지도 모른다. 그리고 여전히 오아시스를 찾고 있다. 그것은 희망이다. 인간에게 희망이 없으면 존재의 힘이 사라진다. 누군가의 희망을 앗아가는 사람은 가장 잔인한 인간이다. 그런데 지금 우리는 누군가의, 그것도 희망의 본 주인인 청춘들에게서 그것을 빼앗고 있다. 이제 그 탐욕과 무지를 버려야 할 때다.

**침대에서
죽기를 바랐다면
떠나지 말아야
했다**

히말라야에서 만났던 청춘들이 지금은 오아시스를 발견했을까? 아니 어쩌면 거기가 오아시스였는지 모른다. 그러나 그들은 오아시스를 끝내 발견할 것이다. 그래야 한다. 내가 오아시스를 발견한다면 그 물을 마시기 전 그들을 기다리며 깃발을 흔들고 손을 흔들고 싶다. 나보다 그들이 더 먼저 발견하여 오아시스의 맛을 마음껏 누리기를 소망한다. 어쩌면 오아시스는 단 한 번 있는 샘터가 아닐지도 모른다. 수많은 오아시스가 우리 삶에 숨어 있을 것이다. 서둘지 말고 그러나 주저앉지 말고 그 샘들을 두루 만나 삶의 갈증을 해소하고 다음 길을 갈 힘을 얻기를 바란다. 우리 모두 각자의 오아시스를 찾고, 만나고 때론 그런 오아시스를 만들며 살아가기를!

우리는 모두 걷는다. 삶은 걷는 일이다. 베르나르 올리비에는 《나는 걷는다》에서 고백한다. "홀로 외로이 걷는 여행은 자기 자신을 직면하게 만들고 육체의 제약에서 그리고 주어진 환경에서 안락하게 사고하던 스스로를 해방시킨다." 겉보기에 고통스러워 보이는 걷기에 대한 아름다운 낙관주의가 꼭 올리비에만의 몫은 아니다. 그는 권고한다. "이 장면을 마음속에 잘 간직했다가 세상이 번잡함으로부터 평정을 잃으려 할 때마다 꺼내 보리라." 멈추면 그 길을 모른다. 걷는 일은, 그래서 산다는 것은 좀 더 깊은 곳을 향해 빠져드는 도취감과 같다고 그는 말한다. 다만 걷는 데서 오는 행복감에 취해 몸의 경고를 무시하는 어리석음을 범하지 말라고 타이른다.

나도 걷고 청춘도 걷는다. 다만 나는 그들보다 많은 길을 걸었고 그들이 걷고 있을 길보다는 상대적으로 쉽고 편한 길을 걸었다. 그러나 그들이 걸어갈 길은 분명 더 아름답고 멋져야 한다. 오아시스는 분명히 그 사막에 숨어 있다. 그러니 포기하지는 말아야 한다. 분노와 절망은 일시적이지만 체념은 자칫 그것을 영원하게 만드는 마약과 같다. "침대에서 죽기를 바랐다면 떠나지 말아야 했다. 자신이 침대에서 죽기를 바라는 사람은, 그래서 절대 그곳에서 벗어나지 않는 사람은 이미 죽은 것과 마찬가지다"라는 올리비에의 비장함은 힘겨움에 대한 탄식과 원망이 아니라 강한 희망이며 결코 어설픈 삶과 세상에 패배하지 않겠다는 의연한 외침이다. 이제 나는 그 청춘들이 걸어갈 길에 그늘과 과일을 마련해줄 나무를 하나하나 심어가고 싶다. 숲이 아니어도 가로수쯤은 되는. 나무가 있으면 샘도 저절로 생길지 모르지 않는가?

사랑할 사람만 있다면 두려울 게 없다

니산과의

짧은
동행

좀솜에서 타토파니로 가는 길은 버스를 타기로 했다. 이곳의 버스는 6, 70년대에 봤음직한 낡은 버스다. 옆구리 찢어진 것쯤은 다반사다. 그곳 사람들은 굴러가기만 하면 그것으로 충분히 족하다는 눈치다. 물론 그들은 차량에 온갖 치장을 해 화려한 맛이 낡음을 상쇄하는 묘한 즐거움을 선사한다. 버스나 트럭에 화려한 치장을 하는 것은 예전 상인들이 낙타를 장식했던 데서 유래한다고 한다. 그러니까 그들에게는 버스나 트럭은 현대화한 낙타인 셈이다. 우리의 미니버스쯤 되는 크기는 좁은 산길을 달리기 위해서는 어쩔 수 없는 선택일 것이다. 터미널이라고 해봐야 넓은 공터에 온갖 차량이 뒤섞여 있는 곳이다.

표를 끊어 버스에 오른다.

시동이 걸리는 게 신기할 정도로 낡은 버스는 이내 툴툴거리며 산길을 달리기 시작한다. 운전기사의 솜씨는 거의 신기에 가깝다. 직선 주로가 없어 계속 이리저리 방향을 바꿔야 하는데 기사는 능숙한 솜씨로, 마치 이쯤이야 눈 감고도 간다는 듯 여유만만이다. 비로소 승객들을 둘러본다. 자리에 앉지 못한 이들도 찡그리지 않고 즐겁게 이야기를 나눈다. 내 자리 뒤 통로에는 염소를 태운 노인이 앉았는데 염소가 꿈틀댈 때마다 뿔을 잡고 제압한다. 그러나 염소가 싸는 오줌까지 막지는 못한다. 버스가 기울어진 길을 오르내리는 까닭에 염소의 오줌은 사방으로 퍼지는데 어느 한 사람 투덜대는 이 없고 얼른 발만 들어 피하는 것이 전부다.

옆쪽 창에 두 소년이 앉았다. 예쁘장한(?) 열 살 조금 넘은 듯한 소년과 그보다 두어 살 많아 보이는 형제다. 동생은 호기심도 많고 서글서글해서 제가 먼저 빙긋 웃는다. 몇 살이냐고 물으니 열한 살이란다. 우리로 치면 초등학교 4학년쯤 되는 앳된 모습인데 눈이 참 맑다. 네팔 저지대에 사는 가족인데, 온 가족의 꿈인 묵티나트 순례를 다녀와 너무 행복하단다. 그 어린아이가 과연 무엇을 정화하고 정죄할 게 있었을까 싶다.

중간에 라마승 서넛이 탄다. 그들의 위계 체계를 알 수는 없지만 나이 지긋한 스님들이 젊은 스님의 말을 경청하고, 마침 자리가 나니 그에게 자리를 권하는 것으로 짐작건대 젊은 스님이 지위는 더 높은 것 같다. 젊은 스님은 내내 뭔가를 얘기하고 나이 든 스님들은 아무 말도 없이 계속 듣는다. 법문을 말하는 것인지, 자신의 삶에 대해 말하는 것인지는 모르지만 나이 든 스님들의 표정이 진지하다. 그저 지위가 높아서가 아니라 그의 지혜와 지식의 깊이를 존중하는 것은 아닐까 싶어 그 젊은 스님의 말이 궁금해진다.

　　버스는 중간 중간 제 서고 싶은 곳에 선다. 큰 짐은 지붕에 올려 묶고, 타야 할 사람이 오지 않으면 아무 일 없다는 듯 마냥 기다린다. 그게 짜증나지 않는다. 짜증낼 일도 없다. 그저 오늘 안에 목적지에 도착하면 그뿐 바쁠 일은 아니다. 그러나 늘 정시 출발과 직통 노선에 익숙한 내가 조금도 짜증나지 않는다는 건 조금은 신기한 일이다. 어쩌면 이들의 삶의 속도에 조금은 익숙해졌기 때문일 것이고, 모처럼 내가 그들의 여유와 관용을 즐기고 있는 것인지도 모른다. 버스의 옆구리가 찢겨 있는 게 신기했는데 나무며 바위에 살짝이라도 스치면 어쩔 수 없이 생기는 상처라는 걸 금세 알게 되었다. 우리 같으면 조금만 흠집이 나도 안달복달 불같이 화를 낼 텐데. 이들에게 버스는 그저 운송의 수단일 뿐이고 고마운 현대판 낙타에 불과한 데다 이미 낡아버려 그 정도는 괘념하지 않는 자유를 지녔다. 그러니 늘 새로운 것, 완벽한 것만 좋은 건 아니다. 내가 주인이 되어 그 목적에 맞게 부리고 관대해지는 것 또한 배워야 할 점이다.

불안하던 버스가 결국 섰다. 버스가 고장나서가 아니다. 길이 끊겼기 때문이다. 올라올 때는 멀쩡하던 길이 내려갈 때는 예기치 않은 산사태 때문에 더 이상 갈 수 없단다. 이런 일이 다반사인 게 안나푸르나 라운드다. 투덜대며 짐을 챙겨 내리는데 오른쪽 산이 허물어지며 길로 쏟아진다. 산사태를 그렇게 가까이 보기는 처음이다. 제법 큰 돌이 굴러 떨어질 때는 바짝 긴장했지만 사람들은 그저 태연하다. 늘 보던 일이고 그리 대단한 사태도 아니라는 듯. 할 수 없이 터덜터덜 걸어간다. 그런데 그 주변의 풍광이 너무 좋아 불평할 수도 없다. 뜻밖의 횡재다. 배낭에서 초콜릿을 꺼내주었더니 니산이 웃으며 묻는다. 산이 좋았냐고. 어린아이가, 그것도 초콜릿을 받은 아이가 그렇게 묻는 일은 예사롭지 않다. 아마 자신도 묵티나트 순례를 하면서 한편으로는 힘들고 한편으로는 즐거웠던 모양이다.

저지대 다한에 살고 있는 니산은 다한 지역에서 올라오는 데 닷새, 묵티나트에 머문 게 사흘, 그리고 다시 돌아가는 데 닷새의 긴 여정이 힘들지 않고 행복하단다. 아이의 꿈은 과학자란다. 그래서 엄마를 행복하게 해주고 싶단다. 과학자가 되어 사회를 더 편리하게 만들고 어쩌고 하는 것은 나중 일이다. 아이에겐 엄마가 가장 소중하다. 자신을 위해 고생하는 엄마를 위해 무언가를 해주고 싶은 마음, 그래서 자신이 하고 싶은 일조차 엄마의 행복에 걸어두고 싶은 동심이 참 예쁘다. 책을 좋아하냐 물으니 좋아하는데 책이 별로 없단다. 가난해서 그런 건지, 네팔에서 출간되는 책이 별로 없어서 그런지는 차마 묻지 못했다. 누군가가 자신이 쓴 책을 읽어줄 거라는 건 상상만으로도 멋질 거 같다는 아이가 언젠가 멋진 과학책을 펴낼 날이 있기를 빈다.

버스를 계속 갈아탄다. 버스가 더 이상 가지 못해 또 다시 내려 걸어야 하는데 뜻밖의 엄청난 선물을 만난다. 바로 거대한 폭포다. 히말라야에서 폭포는 그야말로 널리고 깔렸지만 이건 완전히 격이 다른 규모와 아름다운 폭포다. 다리를 건널 때 니산의 표정이 지금도 선하다. 마치 "아저씨, 이런 폭포를 만나서 행복하시죠? 우리나라 네팔에는 이런 멋진 곳이 많아요. 아저씨가 이런 곳을 경험할 수 있어서 저도 뿌듯해요"라고 말하는 듯한 표정이다. 그런 자부심이 그 녀석의 미소에 가득하다. 니산의 미소는 정말이지 아름답다. 그렇게 계속 갈아 탄 버스를 헤아려보니 무려 여섯 번이다. 세상에! 내가 하루에 여섯 번이나 버스를 갈아탄 적이 있었던가? 생각해보니 여섯 번의 버스 구경과 내려서 걷는 즐거움, 그리고 또 다른 버스를 타기 위한 지루하면서도 조바심나지 않는 기다림, 그 모두가 행복했다. 그렇게 마침내 타토파니에 도착했다. 어둠이 깔리고 비는 내린다. 니산의 가족은 다음 도시 베니까지 간단다. 우리는 거기에서 작별해야 한다. 짧은 동행이었지만 니산과의 헤어짐이 아쉽다. 어둠이 그들을 힘들게 하지 않기를!

　　20년쯤 지나서 여전히 내가 살아 있다면 여든쯤 될 것이고 니산은 서른 갓 넘기는 나이의 헌헌장부가 되어 있을 것이다. 그때쯤이면 세상은 지금보다 더 나아지고 니산의 꿈이 이루어질 수 있으면 좋겠다. 여전히 투명 유리막인 카스트제도가 막강한 힘을 발휘하지만 그때쯤이면 그런 폐쇄적인 계급제도도 무너지고 니산이 원하는 삶을 자신이 노력한 만큼이라도 누리는 미래가 되면 좋겠다. 그 아이는 어린 시절 순례길에서 우연히 같은 버스를 탔던, 잠깐 이야기를 나눴던 이방인을 금세 잊겠지만 그를 위해 어디선가 기도하는 노인(?)이 있다는 것을 느꼈으면 좋겠다. 보다 나은 세상, 보다 행복한 삶, 인격적인 사람의 시대를 기원하는 사람들의 연대를 믿으면서 말이다.

　　백열 가로등으로 어둠을 힘겹게 가까스로 밀어내는 타토파니에서 처음으로 호텔을 찾았다. 뜨거운 물에 샤워부터 하고 싶었다. 다행히 물은 따뜻했으며 수압도 높았다. 안나푸르나에서 처음 맛보는 뜨거운 샤워. 샤워를 마치고 로비 식당으로 내려와 스테이크와 감자튀김 그리고 맥주를 시켜 천천히 맛보면서 창 밖 밤비를 바라보는데 자꾸만 니산 가족이 마음에 걸린다. 어둔 밤 비는 내리는데 그 가족들은 어떻게 내려가고 있을까. 니산의 초롱초롱한 눈은 졸음조차 막아내지 못하고 차창에 그대로 거울처럼 반사되고 있을 것 같다.

가족의 힘, 종교적 정화와 순례가 주는 행복, 미래에 대한 꿈이 니산의 짧은 여정이 아니라 그의 평생 오래오래 지속되며 그를 키워내는 힘이 되기를. 아주 잠깐 만났던 한 아이의 모습이 좀처럼 사위지 않는다. 아, 이렇게 누군가를 아무 조건 없이 애틋해하며 살 수 있다면 그것으로 이미 충분히 행복한 것이구나. 나마스테, 니산!

가족의 힘은 가난한 삶에서 오히려 더 강해진다.
적당한 결핍은 믿음과 연대를 더 강하게 만든다.
지금 우리는 풍족함은 얻었지만
가족의 유대감은 잃고 있다.

진정 사랑하는 건 모든 걸 다 잃어도
사랑할 사람만 있다면
아무 두려움 없고 사랑이 더 깊어지는 것이다.

가족,

사랑의
중심

여러 해 전 TV에서 〈인터뷰 게임〉이라는 프로그램을 봤다. 평범한 시민이 알고 싶은 문제나 풀어야 할 고민을 직접 맞닥뜨리며 사람들을 인터뷰하는 독특한 프로그램이었다. 주인공은 스물두 살 여대생이었다. 18년간 헤어져 지낸 엄마를 찾아나서는 길이다.

**가족은
운명의 힘**

엄마는 그녀를 두고 집을 떠났다. 아버지는 걸핏하면 술을 마시고 행패를 부렸다. 그 행패는 딸에게도 예외는 아니었던 것 같다. 혼자 남은 딸은 그런 아버지와 거의 인연을 끊고 지낼 수밖에 없었다. 그럴수록 어머니가 그리웠다. 남들은 어린이날이면 아빠 엄마 손 잡고 놀이동산으로 놀러가거나 백화점에서 멋진 장난감이나 예쁜 인형을 마음껏 고르며 행복을 누렸지만 어린 소녀는 어린이날이나 크리스마스, 그리고 명절 따위가 더 외롭고 슬펐다. 고아 아닌 고아로 살 수밖에 없었던 운명을 못내 받아들이기 어려운 만큼 어머니에 대한 그리움과 원망은 커졌다. 그러나 어린 소녀가 어머니를 찾을 방도는 없었다. 제 몸 하나 간수하는 것만으로도 힘겨울 뿐이었다.

소녀는 사춘기에 접어들어서도 어머니에 대한 그리움과 원망을 지울 수 없었다. 그러다가 우연히 외삼촌의 주소를 알게 되었고 어머니 소식을 물었다. 그리고 며칠 후 짧게 걸려온 전화.

"엄마야. 잘 있었니?"

그러나 그 이후 2년 동안 아무런 연락조차 없었다. 그래도 다행히 그 여학생은 샛길로 새거나 좌절하지 않고 열심히 공부해서 대학에 진학했다. 대학생활은 행복했지만 사는 건 더 힘들었다. 엄청난 등록금 때문에 힘겹게 아르바이트를 해서 학비를 벌어야 하는 고단한 삶에서도 늘 엄마 생각이 떠나질 않았다. 그리고 마침내 직접 엄마를 찾아나섰다. 바로 그 TV의 〈인터뷰 게임〉에 신청해서.

멀리 경상도까지 힘겹게 찾아가 만난 외삼촌은 그다지 반기는 눈치가 아니었다. 심지어 조금 더 지나고 만나면 어떻겠냐고 말한다.

그녀의 표정엔 실망과 절망이 느껴졌다. 외삼촌의 말을 유추해보건대 어머니는 재혼했을지도 모르겠다 싶었다. 이미 새로운 가정을 이루고 사는데 난데없이 나타난 친딸의 존재가 얼마나 곤혹스러울까. 그래서 외삼촌은 여동생과 조카의 상봉을 꺼리는 게 아닐까? 하지만 그 여학생은 눈물을 보이거나 원망의 기색을 드러내지 않았다. 의연하게 받아들였다. 고개를 숙이며 떨군 그녀의 눈에 살짝 눈물이 고였다. 외삼촌도 그런 조카가 안쓰러워 천장만 바라봤다. 그래도 피붙이 조카를 외면하지는 않았다. 몇 시간쯤 지났을까. 이모가 그녀를 만나러 왔다.

"네 엄마랑 꼭 닮았구나."

그 말만으로도 딸은 행복해하는 것 같았다.

"엄마가 날 알아볼까요?"

기억도 나지 않는 엄마 얼굴과 겹쳤을 것이다. 하지만 이모의 말은 그녀의 두려움을 말끔히 씻고도 남았다.

"그럼. 엄마는 틀림없이 널 알아보고말고. 엄마니까…."

'엄마니까'라는 그 한마디만큼 그 프로그램에서 감동적인 말은 없었다. 마침내 다음날 엄마가 나타났다. 저 멀리서 무거운 발걸음을 옮기는 한 중년 여인이 천천히 다가온다. 그녀의 모습에서 삶의 고단함이 엿보였다. 그녀의 얼굴은 딸을 만나는 기쁨과 딸에 대한 미안함이 그대로 묻어났다. 마침내 모녀가 상봉했다. 무려 18년 만에 말이다.

평평 울며 가슴을 때리지 않는 약간의 냉정함이 오히려 진실되게 보였다. 선한 눈을 가진 딸은 마음도 고왔다. 혹시 자신의 존재와 갑작스런 출현이 어머니에게 부담이 되지 않을까 배려하는 마음이 깔려 있었다. 딸은 어머니가 재혼한 건 아니라는 걸 알았다. 그 말 한마디로 안도의 표정이 그대로 드러났다. 딸은 어머니가 자신이 아버지와 사는 줄 알고 폭력이 두려워 어찌하지 못했다는 것도 알았고 2년 뒤쯤 돈이 좀 모이면 찾으려 했다는 고백도 들었다.

"엄마, 한 번 안아봐도 돼요?"

얼마나 그 품에 안겨보고 싶은 꿈을 꿨을까? 엄마는 그 말에 다시 눈물을 쏟는다.

"사랑해요, 엄마. 이 말을 이렇게 늦게 해서 미안해."

오히려 엄마를 위로하고 달랬다. 참 아름다운 마음을 가진 딸이다. 엄마는 그 말에 더 이상 말을 잇지 못했다. 외가 식구들과 함께 하룻밤을 지낸 그녀는 다시 자신의 삶의 터전으로 돌아갔다. 꿈에서도 그리던 엄마와 함께 지낸 그 밤은 모녀에게 얼마나 행복했을까? 버스 터미널에서 그녀가 곧 엄마와 함께 지낼 때가 오도록 열심히 살겠다는 다짐으로 꾸벅 인사할 때 겨울의 스산함마저 모두 사라졌다.

"엄마니까…."

세상에 그보다 아름다운 말은 찾기 어려울 거다. 아니 없을 것이다. 어떤 산보다 높고 어떤 바다보다 깊은 그 엄청난 사랑의 중심. 그것은 논리도 이성도 감성도 뛰어넘을 뿐 아니라 영혼의 초월성까지도 넘어서는 '위대한 이유'다. 그게 가족의 힘이다.

**정답은 없다,
오직
사랑뿐**

이 세상 어떤 일에도 정답은 없다. 아니, 하나의 정답은 없다. 유교에서 효는 모든 것의 기본이라고 가르친다. 그런데 그 효에 대한 정답이 단 하나의 명확한 정의로 규정되는 것은 아니다. 일찍이 공자는 《논어》 〈위정 편〉에서 맹무백에게 주는 대답에서 그런 유연성을 보여줬다. 어느 날 맹무백이 공자에게 물었다.

"선생님, 효가 무엇입니까?"

흥미로운 건 맹무자(맹무백)의 아버지도 공자에게 효에 대해 물었던 적이 있다는 사실이다. 맹무자는 맹의자孟懿子의 맏아들이다. 맹의자는 효행으로 이미 이름이 높았던 사람이다. 그는 노나라 대부 중손씨仲孫氏로 시호가 의懿였다. 그의 아버지 맹희자가 임종 때 아들을 공자에게 보내 예를 배우게 했다. 맹의자의 물음에 대해 공자는 '어김이 없어야 한다無違'고 답했다. 부모의 마음을 어기지 말라는 뜻일 게다. 효행 지극한 그에게 새삼 효를 말할 게 있을까. 그런데도 공자는 어김이 없어야 한다고 답했다. 아무리 효심이 지극해도 때론 뜻에 맞지 않거나 도리나 이치에 어긋나면 부모의 뜻을 거부할 수도 있다. 그런 가능성에 대해 오금을 박으려는 듯 공자는 부모의 마음을 어기지 말라고 했다. 아마도 맹의자에게 그런 가능성의 면모를 보았기 때문이었을 것 같다.

정조의 사부였던 박성원(1697~1757)이 고인들의 언행 중 효에 관한 글을 모아 엮은 《돈효록》의 '어제돈효록서御製敦孝錄序'에서 정조는 자신은 성현의 말 가운데 부모의 뜻을 어기지 말라는 '무위無違'가 가장 절실하게 느껴져 이를 서문에 써서 권면한다는 뜻을 밝혀두었다. 그만큼 '어기지 않음'은 무거운 말이다.

그 맹의자의 맏아들인 맹무백이 효를 실천할 방도를 묻자 공자는 아예 근심을 안기지 말라고 답했다. 물음은 같지만 물어본 사람은 다르다. 부자父子의 물음이지만 답이 다른 건 두 사람의 삶이 다르기 때문이다. 공자는 효에 관해 많은 질문을 받았지만 그 대답은 늘 달랐다. 묻는 사람에 따라 답이 달랐던 건 처지가 다르고 품성이 다르기 때문이다. 병약한 제자에게는 아프지 말고 건강해야 한다고 답하고, 성격이 괄괄한 제자에게는 쓸데없는 의협심이나 객기로 사고를 일으켜 부모를 근심시키지 말아야 한다고 답했다. 맹무백의 물음에 근심을 안기지 말라고 한 것은 그가 병약했거나 혹은 다른 근심거리를 만들어낸 이력이 있음을 알고 그렇게 대답하였을 것이다.

질병만 걱정해야 한다는 건 그밖의 것들은 마땅히 걱정을 끼치지 않아야 한다는 뜻을 이미 담고 있는 셈이다. 자식으로서 질병에 걸리면 자신뿐 아니라 부모에게도 근심이니 늘 건강을 유지해야 하는 게 첫 번째 효의 바탕이라고 가르친 것이다. 공자는 어떤 이가 묻느냐에 따라 대답을 아주 유연하게 달리 내놓는다. 그렇게 정의나 처방은 다르지만 모두를 관통하는 핵심이 있다. 바로 사랑이다. 애틋하고 아끼는 마음의 대상이 누구냐만 다를 뿐 그 본질은 사랑이다. 그러니 사랑은 비록 다양한 형태로 나타나지만 인간과 가족의 가치에 가장 근본이다.

이렇게 말하면 완고한 이들이 혀를 찰지 모르지만 나는 자식 사랑 또한 효의 다른 방식이라 믿는다. 흔히 철들고 효도하려 했더니 부모님은 이미 이 세상에 계시지 않는다고 한탄한다. 그러나 치사랑만 효가 아니다. 내리사랑도 효다. 효의 의미를 훼절한다고 비난할지 모르겠다. 하지만 무조건 자식을 끼고 도는 것이 아니라 그 아이가 올바른 사람이 되도록 키우고 그가 살아야 할 세상을 올바른 세상이 되도록 노력하는 것은 결국 효의 한 방식이다. 부모가 내게 원하는 것을 따르고 행하는 것이 효라면, 그분들의 손자손녀가 잘 되게 하는 것 또한 효행의 한 축이기 때문이다.

히말라야에서 많은 청년을 만나면서 내 아이들에 대한 그리움과 애틋함이 떠올랐다. 어리석은 아비 탓에 나름 힘겹게 겪었을 삶이 그들에게 있었을 것이다. 녀석들이 살아갈 세상은 아비가 살아온 세상보다 험하고 어려울지 모른다. 그래도 제가끔 하고픈 꿈을 지닌 채 살아가면서 어디선가 언젠가 깊은 좌절과 시련을 겪을 것이다. 그것을 부모가 대신 해줄 수는 없다. 다만 힘겹고 어려울 때 잠깐이라도 돌아와 기댈 언덕은 되어야 한다. 자존심 때문에 돌아와 기대지 못할 때도 있을 것이다. 그래서 나는 가끔 말해둔다. 그럴 때 일단 후퇴해서 숨고르고 힘을 비축할 최후의 보루가 가정이고, 부모라고. 그러니 언제든 그럴 때는 좌고우면하지 말고 지나친 고민으로 기운 쏟지 말고 돌아오라고. 어찌 부모로서 그런 모습의 자식을 보고 마음 아프지 않을까만 실망보다는 위로와 격려가 내 몫이리라. 내 부모가 그러셨던 것처럼 나 또한 내 자식들에게 그렇게 하는 것, 그게 그분들에 대한 효이며 사랑일 것이니.

세상에 무슨 정답이 있겠는가. 그저 사랑 하나면 족한 것을.

틈틈이 자신의 리듬을 만들어낼 것

구름도

잠시
쉬어가는 곳

타토파니는 몽환적이다. 그렇게 느껴지는 건 늦은 저녁, 게다가 비가 추적추적 내리는데 롯지와 가게들이 즐비하게 늘어선 길, 대로가 아닌 골목길의 느낌이 드는, 그리고 처음으로 만나는 보도블록이 깔린 길을 걷는 상황이 주는 시적 분위기 때문일 것이다. 전구에서 쏟아지는 바알간 빛이 비에 젖은 길에 반사되어 나는 마치 사진 속에 들어가 그대로 걷고 있는 느낌이다.

하루 종일 차를 타고, 그것도 여섯 번이나 갈아타며 중간에 여러 차례 내려 걸어 늦은 밤 도착한 이곳은 온천 휴양지다. 타토파니라는 이름 자체가 '온천이 있는 곳'이라는 뜻이란다. 우리로 치면 '온양온천'쯤 되는 지명인 셈이다. 높이도 고작 1,200미터밖에 되지 않아 매우 쾌적하다. 가쁘게 숨 쉴 일 없이 잘 수 있으니 다행이고 무엇보다 씻을 수 있으니 행복하다. 어젯밤 치맥의 맛은 특별했다. 히말라야에서 치맥이라니! 드디어 문명(?)의 세계로 돌아왔으니 온천을 즐기고 싶었지만 너무 늦어 샤워로 갈음해야 했다. 그것만으로도 호사였다. 샤워는 커녕 머리도 감을 수 없었던 날들이 새삼스럽다.

이제 급하게 이른 아침 출발해야 할 일이 없으니 처음으로 느긋한 아침을 맞았다. 어젯밤 따뜻하게 샤워하는 것만으로도 지난 열흘의 고생을 다 씻어냈다. 일상에서는 언제든 마음만 먹으면 아무 때나 즐길 수 있는 샤워가 이렇게도 대단한 즐거움이라니! 지나친 결핍은 사람을 지치게 하지만 적당한 결핍은 만족과 고마움을 느끼게 하는 소중한 요소다. 일부러라도 그런 결핍의 리듬을 갖는다면 불평할 일도 덜어질 것이고 소소한 일상도 고마울 것 같다. 샤워 한 번에 이렇게 행복한 적이 있었던가?

호텔(이곳은 롯지가 아니라 '호텔'이라고 당당하게 적었다. 틸리초 호텔은 이름만 호텔인데 타토파니의 호텔은 제대로 된 호텔이다) 식당 벽면에는 수많은 방문자들이 남긴 메모와 휘장이 가득한데 한국인의 것도 꽤 많아 반갑다. 그이들은 나보다 먼저 이 길을 걸어갔을 것이다. 그들은 어떤 느낌을 담고 돌아갔을까? 지금 일상으로 돌아가 이곳에서 보낸 시간을 그리워하고 있을지도 모른다. 누구나 히말라야에 한 번 발을 들이면 또 다시 가고 싶은 충동을 갖게 된다고 한다. 그럴 것이다. 위시리스트와 버킷리스트에 동시에 오를 수 있는 게 이것 말고 또 뭐가 있느냐는 물음은 단순한 말치레가 아니다.

아침을 간단하게 먹고 찾은 그 유명한 타토파니 노천온천은 소박해서 마음에 든다. 럭셔리를 동경하는 사람이라면 질겁하겠지만 나는 이 온천이 너무 좋다. 탈의실은 70년대 해수욕장 간이 탈의실을 방불하게 소박하고, 온천은 나무 울타리로, 그것도 성기게 엮어 두었으니 행인들이 그대로 그 안을 들여다볼 수 있다. 동네 사람들은 빨랫감을 들고 와서 빨래도 하고 샤워도 한다. 최고급 타일을 깔고 온갖 치장으로 아름답게 꾸민 휴양지의 노천온천은 은근히 높은 곳에서 아래를 내려다보거나 말만 노천이지 위로 뻥 뚫린 하늘만 바라보게 되었지만 이곳의 노천온천은 말 그대로 길가의 우물처럼 아무나 거리낌 없이 드나들고 지나가는 행인들과 이런저런 말도 나눌 수 있다. 세상에 이렇게 뻔뻔할 만큼 소박한 온천이라니!

아침이라서 그런지 관광객이나 순례자보다 동네 사람들이 훨씬 더 많다. 사실 훨씬 더 많다는 말도 남세스럽다. 온천의 손님이라 해봐야 동네 사람들까지 다 합쳐 열 명 남짓이다. 멀리 히말라야 산자락이 보이는 노천온천의 행복은 어디에서도 맛볼 수 없는 행복이다.

어제의 뜨거운 샤워에서 느꼈던 행복과는 또 다른 즐거움이다. 드디어 하산했구나 하는 안도감이 든다. 온몸이 나른해진다. 살다 보니 이런 날도 있구나. 아니 늘 새롭구나. 어디 하루 똑같은 날 있으랴, 어느 한 시간 허튼 때 있으랴.

**잠시
멈춰서**

　　돌아보니 늘 달렸다. 한가하게 완전한 게으름으로 며칠을 털어 내는 일은 별로 없었다. 달리다 보면 관성이 붙어서 가속으로 달린다. 쉬는 법을 배운 적도 별로 없다. 그저 어쩌다 짬이 나면 잠깐 다른 곳으로 가는 게 거의 대부분이었다. 스스로에게 휴식이나 휴가를 주지 못하는 건 자신을 학대하는 일이다. 나 자신에게 주는 선물, 휴식. 좌우로 히말라야의 산맥이 거대한 협곡처럼 보이는 이 온천은 소박하지만 그 어떠한 호화로운 온천보다 호기롭다. 오늘은 마음껏 내게 선물한다.

　　만약 안나푸르나 라운드의 순서를 반대로 잡아서 타토파니에 먼저 들러 노천온천의 한가로움을 만끽했다면 이 즐거움을 알았을까? 그저 지나는 길에 누리는 하나의 호사로만 여겼을 것이다. 여유롭게 맥주 한 잔 즐기면서 천천히 협곡을 훑어보며 한가로운 시간을 누렸을 것이다. 그러나 길고 힘겨운 여정을 거의 마치면서 끝자락에 마치 서

프라이즈 선물처럼 주어진 온천과의 해후는 그동안의 모든 피곤과 힘겨움을 단숨에 씻어내는 명약과도 같았다. 나는 고진감래라는 말을 끔찍하게 싫어하지만 적어도 이 여정에서 맛본 타토파니 온천은 적어도 그 말에 고스란히 동의할 수밖에 없다. 순서 하나 바뀐 것만으로도 그 누리는 값이 달라진다. 명리학이나 운명학에서 초년의 고생, 노년의 행복이 그 반대보다 나은 것이라 굳이 말하지 않아도 어차피 겪어야 할 거라면, 고생 총량의 법칙이 존재한다면 앞의 풍요보다 뒤의 안온함이 분명 더 낫다. 그러니 삶의 리듬을 잘 마련해야 한다.

　　삶의 리듬은 누가 만들어주는 게 아니다. 일이 그렇게 만드는 것만도 아니다. 내가 적당히 조절하며 때론 밭게 때론 성기게 조절해야 한다. 잠깐의 산책과 짧은 명상만으로도 하루의 리듬은 매우 발랄해진다. 휴식이나 휴가라는 게 그리 거창한 게 아니다. 틈틈이 자신의 리듬을 만들어내는 것이다. 그런 휴식을 즐기는 사람들이 조금씩 느는 건 다행스러운 일이다. 그러나 아직도 우리는 휴식조차 전투적이다. 혹은 눈치 봐야 하는 방학이다. 핑계를 만들면 끝이 없다. 일한 만큼 쉴 줄 알아야 한다. 그리고 사회 또한 그런 조건을 마련하고 그런 분위기를 이끌어내야 한다. 그래야 우리가 산다.

　　타토파니 온천에 몸을 담그고 벽에 기대어 하늘을 보니 구름도 잠시 쉬어간다. 참 좋다.

휴식의 극상은 자연 속에서 완전히 자연과 하나되는
물아일여物我一如의 즐거움이다.
자신에게 주는 선물인 휴식을 누리지 못하면 남들도 혹사시킨다.
자신에게는 휴식을 주면서
타인에게는 휴식을 강탈하는 자가 약탈자다.

나만의
쉼터를

마련하라

　　유목민처럼 가볍게. 말은 쉽다. 쉬엄쉬엄 조절하며 살아야 한다는 것. 그러나 실제로 그리 만만하지 않다. 회사에 다니는 사람은 그게 내 마음대로 조절할 수 있는 게 아니기에, 그리고 자신이 직접 운영하는 경우에는 일에 쫓겨 못하거나 혹은 운 좋게 사업이 잘 굴러가는 경우에도 잠깐 방심하면 언제든 빼앗기는 것을 알기에, 그리고 내가 움직이는 만큼 돈이 된다는 걸 알기에 결코 내 마음대로 쉬며 사는 건 불가능에 가깝다며 한가한 소리하지 말라고 타박한다. 그걸 모르는 바 아니다. 그러나 일중독은 병이다. 그건 자랑이 아니다. 흔히 수컷주의에서 벗어나지 못한 남자들은 자신이 일에 몰두하는 때가 가장 행복하다며 자신이 일해야 가족이 먹고 사는 것 아니냐고 반문한다. 그것도 모르는 바 아니다. 하지만 그건 그럴 듯한 변명일 뿐이고 헛된 자기 과시일 뿐이다.

불행히도 우리는 쉬는 법을 제대로 배우지 못했다. 가정에서도 학교에서도 그걸 배우지 못했다. 쉬는 건, 노는 건 비생산적이고 반사회적이라는 사실을 은연중에 강요하는 압력의 교육뿐이었지 어떻게 하면 더 즐겁게 놀고 쉬어야 하는지는 고사하고, 왜 그래야 하는지도 가르치지 않았다. 가르치는 부모나 교사가 노는 법을 모르니 자식이나 학생들에게 그걸 가르칠 수는 없다. 그렇게 살았기 때문이다.

쉬는 것도 요령이다. 그리고 그 내용을 채우는 건 능력이다. 지금 하는 일에 매달리지 않으면 당장 엎어지거나 일이 엉망이 될 것 같지만 그렇지 않다는 걸 우리는 이미 경험적으로 안다. 그런데도 정작 제대로 쉬는 일을 저지르지 못한다. 기껏해야 연례행사 같은 여름휴가 사나흘인데 그것마저도 약속이나 한 듯 7월 말에서 8월 초에 다 몰린다. 왜 꼭 그래야 하는지 모르지만 이 나라의 학원들이 그때 쉬기 때문에 자연스럽게 그렇게 맞춰지는 것 아닌가 싶다. 놀러가서도 사람이 없으면 썰렁하다고 싫어하고, 사람이 많으면 치인다고 불평이다. 어쩌다 노는 것도 진탕 먹고 마시며 떠들썩한 시간을 보내야 놀았다고 말한다. 사는 것도, 일하는 것도 전투적인데 노는 것, 쉬는 것마저 전투적이다.

한 정치인이 대선 후보를 꿈꾸면서 '저녁이 있는 삶'이라는 슬로건을 내건 적이 있다. 지금까지 들어봤던 어떤 정치 구호보다 매력적이고 섹시했다. 과연 우리는 저녁이 있는 삶을 살았는가? 아니 저녁이 있는 삶이 어떤 것인지 알고 있는 것일까? 요한 하위징아가 인간의 특성을 '호모 루덴스', 즉 '유희하는 인간' 혹은 '놀 줄 아는 인간'이라고 정의한 것은 의미심장하다. 제대로 쉬지 못하는 사람은 제대로 일하지 못하는 사람이고 결국 제대로 살지 못하는 사람이라는 의식을 가져야 한다.

마음만 먹으면 마련할 수 있는 보물, 휴식

내가 가장 좋아하는 휴식은 조용히 숲길을 걷는 일이었다. 가끔은 가벼운 책 한 권 들고 걷다가 좋은 나무 그늘 아래서 책을 읽기도 하고 걷기도 하는 일만큼 관능적인 일은 없다. 휴식이라는 말을 뜯어보면 참 재미있다. 휴休는 사람人이 나무木에 기댄 모습이다. 일상에서 벗어나 자연과 더불어 그 안에서 호흡하는 일 자체가 가장 완벽한 휴식이라면 지나친 비약일까? 식息이라는 글자도 예사롭지 않다. 스스로自 마음心을 들여다보는 형상이다. 일에 몰입해서 내면을 바라보는 일은 불가능하다. 아무 목적이나 욕망 없이 조용히 숲에 들어서 나무에 기대 자신을 들여다보고 마음의 문을 열어보는 것이 휴식이라는 건 의미심장하다. 마음이 심란하면 찾아가 기댄 채 자신을 들여다볼 수 있는 나무나 숲을 가진 사람은 행복하다. 휴식의 진면목을 즐기는 사람은 일의 몰입과 창조적 발상도 이끌어낼 수 있다. 그러니 우리는 좀 쉬며 살아야 한다.

그런 점에서 쉼터를 가진다는 건 고마운 일이다. 서울에서 내가 자주 찾는 쉼터는 창경궁이다. 경복궁은 나무 그늘이 거의 없어 황량해서 싫고 창덕궁의 궁궐은 촘촘히 맞댄 전각이 답답하며 후원은 앉아서 쉴 수 없이 가이드를 따라 보폭을 맞춰야 하는 짜임이 불편해서 꺼리는 반면 창경궁은 우선 사람이 많지 않고 (일제가 헐어내서 그렇지만) 터나 건물의 간격도 넓어서 답답하지 않을 뿐 아니라 적당하게 숲도 거닐 수 있어 좋다. 호수를 바라보며 앉아서 잡념 덜어내는 것도 즐겁고, 특히 통명전通明殿에 올라가 청이나 툇마루에 앉아 조용히 책을 읽는 것은 그야말로 백만 불짜리 선물이다. 가끔 시내에 들어가면 짬 내서 덕수궁에 들러본다. 크지는 않지만 시내 한복판에 그런 궁이 있어 잠시나마 도심의 번잡함을 잊을 수 있다는 건 정말 행복한 일이다. 주변에는 사무실이 많은데 의외로 잠깐 들러 산책하거나 조용히 앉아서 휴식하는 직장인은 많지 않다. 그저 잠깐 마음만 먹으면 점심 식사 후 자투리 시간에 농밀한 휴식을 즐길 수 있을 텐데.

굳이 세 끼 다 찾아먹는 번거로움을 따를 것도 없다. 최소한의 필요한 열량만 채우고 적당히 산책할 만큼의 칼로리면 충분하다. 일상에서 늘 잉여의 칼로리로 살면서 처분도 하지 못하고 제대로 연소시키지도 못한 채 쓸데없이 지니고 사는 게 얼마나 많은가. 중요한 건 그 시간을 어떻게 누리느냐 하는 문제다. 소크라테스는 한가로운 시간을 그 무엇과도 바꿀 수 없는 재산이라고 했지만 우리는 늘 바쁘다. 하지만 바빠서 여유가 없을 때, 그때가 바로 쉬어야 할 때다. 한가해져서 쉬는 것과 다르다. 여전히 열심히 일하라고 다그치는 사회에서 휴식과 놀이는 늘 찬밥 신세였고 부정적으로 해석되었다. 그러나 휴식은 단순한 게으름도 아니고 아무 곳이나 털썩 주저앉아 멈추는 것도 아니다. 쉬는 것이 선물이고 생산적이라는 걸 가르쳐야 한다.

　　꼭 밖으로 나가야만 휴식과 쉼이 이뤄지는 건 아니다. 나만이 즐길 수 있는 장소나 공간을 마련하면 언제든 그곳에서 나의 모든 것을 내려놓을 수 있다. 나만의 쉼터를 먼저 마련하는 게 휴식의 조건이다. 진짜 휴식은 그것을 통해 내적인 성찰과 위안을 얻고 영감까지 찾을 수 있는, 보석과 같은 것이다. 그러니 자신에게 휴식을 선물하는 건 언제나 필요하다. 어느 도시의 도서관 운영과를 책임진 공무원은 그동안 여러 곳의 숨은 곳을 찾아내 혼자 침잠하는 공간을 마련했는데 이제는 다 드러나버려 아쉽다고 토로한다. 그래도 아직 한 곳은 자신만 알고 숨어 있는 곳이 있어서 행복하다는 고백이 이어진다. 그의 마음이 읽힌다. 꼭 그렇게 숨어 있는 곳이 아니어도 나만의 작은 공간을 오롯하게 혼자 누릴 수만 있다면 행복한 일이다. 도심의 카페에서도 나를 만나고 싶을 때면 저절로 찾아갈 수 있는 자신의 고정석 같은 곳을 마련하면 충분한 일이다.

　　종교도 때론 쉼이어야 한다. 교회나 성당, 그리고 절은 영혼이 쉬는 공간이다. 하루쯤 아무것도 하지 않고 그저 시골의 한적한 길을 걷거나 작은 숲에서 자연을 호흡하며 마음을 건강하게 하고 생각을 정리하는 것처럼 무뎌진 영혼을 깨우고 다듬는 곳이다. 이제는 우리도 스위스의 건축가 페터 춤토르의 경당이나 안도 다다오의 '빛의 교회' 혹은 '물의 교회' 같은 작은 예배당에 눈을 돌려야 한다. 일하고 생활하는 공간에만 몰두할 게 아니라 영혼에도 쉼의 공간이 필요하다. 도심에도, 주거지에도 그리고 시골에도 그런 공간을 다양하게 마련하여 언제든 마음만 먹으면 쉽게 가서 자신을 정리하는 그런 공간이 마련될 때 비로소 밀도 있는 삶도 가능할 것이다.

　　휴식은 몸이건 영혼이건 삶에서의 엇박자를 정박자로 돌려놓는 장치다. 삶의 리듬을 잃으면 그건 기계의 삶일 뿐이다.

어쨌든 삶의 본질은 달라지지 않는다

사람
사는 곳

어딘들
다르랴

안나푸르나 여정의 마지막을 오스트리안 캠프로 정한 것은 절묘했다. 해발 2,000미터의 높이니 내려오던 여정에서 다시 올라가야 했지만 그 값을 하고도 남았다. 캠프에 다다르면 갑자기 시야가 탁 트이며 안나푸르나 주봉들이 이어지고 마차푸차레의 위용까지 파노라마로 펼쳐진다. 숨 막히는 아름다움이다. 깨끗한 롯지에는 그 전망을 마음껏 누리며 바라볼 수 있는 멋진 카페가 있어서 닭백숙에 네팔의 고르카 맥주 한 병을 곁들이며 지금까지 일정에서 가장 사치스러운 저녁을 만끽했다. 그러나 최고의 식사와 안주는 창밖의 풍경 그 자체다.

오락가락 비가 방해해도 안나푸르나의 위용은 조금도 위축되지 않았다. 가이드 철수 씨는 내가 한 번도 히말라야의 그 멋진 별들을 보지 못한 게 자신의 잘못인 양 안타까워했다. 나도 트레킹 내내 별을 보지 못했으니 부록처럼 낀 오스트리안 캠프에서는 그 장관을 꼭 맛보고 싶었지만 야속하게도 마지막 밤까지 어김없이 비가 내리니 어쩔 도리가 없다.

혹시라도 이른 새벽 별을 볼 수 있지 않을까 싶어 선잠을 깬 밖에 나갔지만 끝내 별을 볼 수 없다. 안타깝지만 거기까지는 허락되지 않는 것이 이번 여행인 모양이다. 하늘이 야속하기는 하지만 굳이 따지자면 별이 내게 모습을 드러내지 않은 게 아니라 내가 별이 모습을 드러낼 때 찾아오지 못한 탓이다. 다시 잠자리에 들까 하다 이 시간을 또 언제 누릴까 싶어 그대로 앉아 흐릿하게나마 윤곽을 드러내는 산맥을 바라본다. 어제 친구를 잃은 닭은 아무렇지 않은 듯 태연하게 일찌감치 마당에서 벌레를 잡아먹고 있다.

간밤, 청춘의 호연지기에 취했던 각국의 젊은이들은 깊은 잠에 빠진 듯 버드워치 지역은 조용하고 평화롭다. 여전히 비는 조금씩 내린다. 그래도 곧 그을 것 같으니 어쩌면 일출의 장관을 볼 행운이 있을지 모른다. 이렇게 너른 평지가 산중턱에 있다는 게 신기하다. 이곳은 굳이 안나푸르나 라운드를 하지 않아도 전경을 바라볼 수 있어 많은 이들이 찾는다.

어제 빗속에서도 부지런히 돌을 깨던 이들 가운데 한 사람을 만났다. 하루 종일 돌을 깨서 쇄석으로 만드는 일은 힘과 위험에 비해 임금은 매우 낮다. 그런데도 찡그리는 낯을 보지 못했다. 묵묵히, 그러면서 간간이 웃으며 거의 쉼 없이 돌을 부순다. 브라탕 근처에서 만난 아낙이 아이 둘을 멀찌감치 떼어놓고 돌을 깨던 모습이 겹친다. 돌은 많지만 그것이 상품이 되려면 잘게 부숴야 한다. 그런 노동이 그들에게 주어진다. 헐값의 노동이지만 그 돈으로 필요한 물건을 살 것이다. 고작 서너 살 아이들이 칭얼대지 않고 조용히 돌 깨는 엄마를 바라보는 건 아마도 그렇게 해야 사탕 몇 개 생긴다는 걸 알기 때문인지도 모른다. 돌 깨는 손은 그대로 돌 같다. 그 투박한 손을 모아 이른 새벽 지나가는 나그네에게 '나마스테' 인사를 건넨다. 그 어떤 인사보다 살갑고 따뜻하다.

　　모습만 조금 다르고 삶의 질이 약간 차이날 뿐 사람 사는 게 어딘들 다를까. 사람 사는 곳 어디나 다 같다. 사랑하는 것도 같고 가정을 이루며 행복을 꾸려가는 것도 다르지 않다. 생명을 가진 인간은 누구나 욕망과 열정, 그리고 사랑을 지니고 산다. 그것을 어떻게 실현하느냐 하는 것이 사회마다, 문화마다 다를 뿐이다. 나는 티베트 사람들이 오체투지로 그들의 성지 라사에 가는 것을 볼 때마다 존경스럽다. 우리 눈으로 보면 굳이 그래야 할 필요가 있을까 싶지만 그들로서는 신에 대한 최고의 복종의 표현이며 자신을 정화시키는 중요한 과정이고 생명의 존재를 확인하는 위대한 실천이다. 그것은 티베트인이 생명을 하나의 여정이라 여기기 때문에 가능한 일이다. 나는 그것보다 더 위대한 몸짓을 달리 본 적이 없다. 신앙도 사는 곳에 따라 다를 뿐 인간의 겸손과 신에 대한 찬미, 그리고 그 감응을 통한 삶에 대한 농밀함이라는 점에서는 조금도 다르지 않다.

태양은 지구 전체 어느 곳 하나 빠뜨리지 않고 비춘다. 위도에 따라 빛을 더 받고 덜 받는 차이는 있겠지만 모든 생명은 그 상황에 맞춰 살아가고 진화한다. 안나푸르나 라운드 내내 단 한 차례도 제대로 별을 본 적 없지만 별은 여전히 하늘에 찬란히 빛나고 있다. 잠시 구름에 가려 보이지 않을 뿐이다. 내 눈에 보이지 않는다고 사라진 것이 아닌 것처럼 세상도 삶도 사람도 다양한 모습과 색채로 채색될지 모르지만 그 바탕은 다 똑같다. 그것을 알아차리는 것이 겸손의 시작이고, 왜 인간이 인간다워야 하는지, 왜 우리가 정의롭게 살아야 하는지 바탕이 된다. 이 여정에서 그것을 새삼 몸으로, 눈으로 확인했다. 그래서 나는 이 여행이 참으로 고맙고 행복하다.

**모든 보석을 다
보아야 하는 건
아니다**

아쉽지만 이제 오스트리안 캠프를 떠나면 히말라야 여정은 마감된다. 참으로 행복한 시간이었다. 힘들고 아찔하게 위험한 순간도 있었지만 그것도 놀라운 신비로 넘어갔다. 그 순간을 잊지 않으며 평생 겸손하게 살아가고 고맙게 사랑할 것이다.

담푸스로 내려가는 길은 지금까지 한 번도 맛보지 못한 숲길이다. 봄이면 네팔의 국화인 랄리구라스가 함초롬 피어 장관이라지만 굳이 그 꽃 없어도 풍요롭고 아름다운 숲이고 예쁘장한 길들이다. 길을 따라 만났다 헤어지는 자잘한 개울들은 어찌나 곱고 맑은지 그대로 정신이 정화되는 느낌이다. 곳곳에서 만나게 되는 마을은 넉넉하고 평화롭다. 그 아래 끝없이 깔린 다락논들은 왜 이곳 사람들의 표정이 특별히 더 너그러워 보이는지 알게 해준다. 천수답이지만 히말라야에서 흘러내리는 물길이 골고루 그 논에 물을 대주는 까닭에 가슴 태우며 비를 애타게 기다리지 않아도 될 것이다. 학교도 제법 큰 걸로 봐 아이들도 꽤 많을 듯한데 일요일이라서 조용하다. 아이들은 숙제만 없다면 행복한 주말을 즐기고 있을 것이다.

제법 큰 가게들이 즐비한 걸로 보아 일종의 광장이다. 버스가 다니는지 '정류장' 표시도 있다. 그러나 왼쪽으로 내려가는 급경사 길을 택한다. 그쪽은 계속해서 논길이 이어져 일부러도 걷고 싶다. 갑자기 비가 쏟아진다. 급히 우의를 꺼내 배낭도 덮고 몸도 감춘다. 그러나 거센 비는 몸으로 파고든다. 그래도 싫지 않다. 시원한 빗줄기가 반갑다. 생각보다 경사가 심해서 한참을 걷다 보니 무릎이 아프다. 그래도 마치 우리 시골길을 걷는 기분이어서 마냥 좋다.

논이 이렇게 반가울 것이라고는 상상도 못했다. 카트만두에서 베시사하르로 가는 길에서 논을 못 본 건 아니다. 저지대에는 논이 많아 눈을 돌리면 금세 논을 만난다. 그러나 일단 안나푸르나 라운드에 들어선 뒤에는 논을 만나지 못했다. 기껏 넓어봐야 귀리 밭이 전부고 자잘한 푸성귀를 심어놓은 밭만 보다가 이렇게 많은 논을 보니 그조차도 반갑다. 수연재 앞 논에도 지금쯤 노랗게 벼가 익어가고 있을 것이다. 농부는 풍작이 흐뭇하지만 벼 수매가가 낮아 우울할지도 모른다. 그러나 농부에게 값은 둘째고 제 논에서 기특하게 잘 자라준 벼들이 고맙고 대견할 것이다. 값을 먼저 셈하는 삶은 피폐하다. 물론 농부에게는 정당한 노동의 대가가 충분히 주어져야 한다. 하지만 늘 값을 먼저 따지고 셈을 궁리하는 건 곤궁한 삶이다.

담푸스의 농부들은 이렇게 잘 자라는 벼를 보며 먼저 신에게 감사할 것이고 그러고 나서 가족들을 먹이고 적당히 시장에 내다 팔아 필요한 살림살이와 식량을 구할 희망에 행복할 것이다. 그의 행복이 수조 원 지닌 재벌의 행복에 미치지 못할 까닭이 있을까. 100억을 가진 사람은 100억 원만큼의 근심이 있을 것이고 논 한 마지기 가진 농부는 그만큼의 근심만 있을 것이니 행복을 양으로만 따지는 셈은 불공평하다.

안나푸르나 라운드 내내 다행히 무릎은 아프지 않았는데 계속해서 계단으로 이어진 급경사 담푸스 농로와 산길을 빠르게 내려오니 처음으로 무릎이 얼얼하다. 1시간 반쯤 지나니 대로가 보인다. 이제야 산행이 끝났다. 안나푸르나 라운드가 끝난 것이다! 성취감도, 허탈함도 없다. 신에게 감사하고 소롱빠에서 들렸던 그 목소리에 고맙다는 안도만 가득할 뿐이다.

**모두에게,
모든 것에
감사하다**

나의 히말라야 트레킹은 그렇게 끝났다. 완전히 기슭을 내려와 차를 타고 포카라에 들어왔다. 포카라는 아름다운 호수의 도시고 네팔에서 두 번째로 큰 도시다. 그런데 카트만두 같은 번잡함보다는 포근하고 차분할 뿐 아니라 뭔가 여유가 넘치는 느낌이다. 정갈하고 표정도 훨씬 밝다. 시내에는 안나푸르나 라운드를 여기에서 시작하려는 사람들이 북적인다. 기후도 좋아서 겨울에도 따뜻하단다. 보기 드물게 아열대 기후라서 그렇다는데 아마 예전에는 높은 산들로 둘러싸여서 접근하기 쉽지 않았을 것이다. 히말라야 만년설이 녹아 흘러내려 생긴 거대한 호수가 있어서 포카라의 느낌은 휴양지 같다.

시내 한복판에 있는 호수가 참 아름답다. '포카라'라는 도시 이름도 호수라는 뜻의 네팔어 '포카리'에서 유래했다는 말이 실감난다. 인구가 대략 20만이 되는 대도시(?)인데 이렇게 큰 도시로 성장한 것은 역설적으로 접근하기 어려웠기 때문이었단다. 포카라는 에베레스트, 안나푸르나, 마나슬루, 마차푸차레 등으로 가는 길목이어서 등반객이 끊임없이 찾아온다. 1968년 도로가 생긴 이후 관광객까지 찾아오는 곳이 되었다.

가이드 철수 씨, 그리고 묵묵히 그러나 세심하게 끝까지 보살펴준 셰르파(안타깝게도 그의 이름을 잊어서 늘 '아저씨'라는 네팔어로 호칭했다)와 함께 호수가 보이는 한국 식당으로 가서 늦은 점심을 먹었다. 우리는 주저 없이 '소주와 삼겹살'을 주문한다. 한국에서 직장인들이 퇴근길에 가장 흔하게 먹는 이 메뉴가 그렇게 반가울 수 없다.

"삼겹살에 소주가 빠질 수 없죠? '처음처럼'이 좋아요, '참이슬'이 좋아요?" 한국인보다 더 한국 사람 같은 철수 씨가 하얀 이를 가지런히 드러내며 묻는다. 그 물음에 잠시 내가 네팔이 아니라 한국에 있다는 착각에 빠진다. 소주가 그렇게 단 게 놀랍다. 비싸서 그랬는지, 모처럼 한국 술을 마셔서 그랬는지는 모르겠다. 모든 긴장이 한순간에 사라지면서 살짝 졸음이 밀려온다. 우리는 서로 축하하고 고마워하며 무사히 안나푸르나 라운드를 마친 것을 기뻐한다. 보름을 함께, 그것도 단 한 순간도 떨어지지 않고 길고 험한 길 함께했다는 연대감이 삼겹살과 소주의 호화로운(?) 파티에 가득하다.

함께 비행기로 카트만두에 가는 줄 알았더니 자신들은 버스로 간단다. 참 순박한 사람들이다. 내 경비를 줄여주려는 배려다. 그럴 순 없다. 함께 왔는데 어찌 따로 갈 수 있는가. 함께 비행기로 가자고 우겨 가까스로 동의를 얻었는데, 끝내 자리를 얻지 못해 두 사람은 버스로 가야 했다. 카트만두까지는 불과 200킬로미터쯤 떨어졌으니 서울에서 대전쯤 가는 길일 텐데 여기는 길이 좋지 않아 무려 8시간쯤 털털거리며 달려야 한다. 아쉽지만 카트만두에서 재회하기로 하고 헤어진다. 두 사람과 함께 걸어온 안나푸르나는 그들 때문에라도 더 기억하게 될 것이다.

그들과 작별한 뒤 의료와 교육 봉사를 위해 포카라에 거주하는 수녀님들을 찾았다. 서울에서 이미 잘 알고 지내던 수녀님들을 거기에서 보니 얼마나 반갑던지! 여비 중 남은 작은 돈으로 아이들 문방구를 샀다. 보잘것없지만 아이들에게 작은 마음의 선물이면 좋겠다. 수녀님들이 공항 근처 빈민가로 안내한다. 판자를 얼기설기 엮어 만든 판잣집들이 다닥다닥 늘어섰는데 한눈에 보기에도 여기는 네팔에서도 극빈의 마을이다.

얼마 전 마련했다는 아이들 공부방에는 봉사자와 아이들이 함께 그린 벽화가 예쁘다. 유명 화가의 그 어떤 그림보다, 멋진 벽화보다 더 아름답다. 자신의 공부방이 생겨서, 거기에 제 손으로 그림을 그려 장식했다는 게 얼마나 뿌듯하고 자랑스러울까. 골목길에 아이들이 놀고 있는데, 이제 우리 골목에서는 사라진 구슬치기와 술래잡기며 온갖 놀이에 여념이 없다. 그 모습이 그대로 반가울 뿐이다. 아이들은 해맑은 얼굴로 수녀님들께 웃으며 달려와 인사한다. 공부방뿐 아니라 작은 도서관이라도 마련해줄 수 있으면 좋겠다(이 책의 인세 가운데 30%는 네팔의 아이들에게 도서관을 마련하는 비용으로 보내기로 했다).

저 아이들이 앞으로 살아가면서 절망하고 분노할 일이 얼마나 많을까. 그래도 꿋꿋하게 이겨내 보란 듯 성공하고 자신의 공동체를 포카라의 호수만큼이나 아름답게 만들 꿈나무이기를 그들의 신께 빌어본다.

**굿바이 앤
씨 유 어게인!**

안나푸르나 여정이 저 아이들에게서 마감되는 것이 참 고맙다. 그저 나만 누린 행복의 여정일 수도 있었는데 저 아이들과의 해후는 내가 어떤 삶을 살아야 하는지, 우리가 세계 시민으로서 어떤 의무감을 가져야 하는지를 깨닫게 해주었으니 말이다. 신이 허락한 생명은 그 어느 것 하나 가벼운 게 없고 가난을 세습하여 아이들까지 대대로 그 고통을 겪으며 힘겨운 삶을 살아야 한다는 법칙은 없다. 그 사슬의 고리를 깨는 것이 함께 살아가는 이들의 몫이고 의무다. 내 아이 네 아이 가릴 게 어디 있을까. 모든 아이는 우리의 아이들이고 신의 아이들이다.

드디어 나의 위시리스트 하나가 마무리된다. 위시리스트는 쉽게 달성할 수 있는 그런 목록들이 아니다. 평생 꿈꾸고 그것을 이뤄야 내 삶이 의미 있었다 할 그런 것이기에 얼핏 거창하거나 비현실적으로 보일 수도 있는 목록이다. 그러나 꿈을 포기하지 않으면, 그리고 그 꿈을 내 삶에서 뿌리째 뽑아내지 않는다면 언젠가는 이룰 수 있고, 때론 뜻밖에 아주 쉽게 이룰 수 있는 목록이기도 하다. 삶의 경중을 나누는 안목과 지혜, 그리고 의지만 있다면 불가능한 일은 아니다. 누구나 불가능한 것을 꿈꾸지는 않는다. 노력하면 혹은 독하게 마음먹으면 언제든 실현할 수 있는 꿈을 위시리스트에 올린다. 그것을 잃지 않아야 한다. 어쩌면 히말라야 트레킹은 가장 쉬운(?) 위시리스트일지 모른다. 시간을 내고 몸이 버텨주면, 어느 정도의 돈만 마련되면 가능한 일이니까. 진짜 삶의 위시리스트를 하나하나 찾아내고 실천할 수 있다는, 그래야 한다는 자신감이 이 여정의 선물이다.

마음에 흠뻑 들었던 포카라를 떠나 카트만두로 돌아가야 할 시간이다. 귀여운 포카라 비행장은 경비행기들의 천국이다. 20인승 미만의 작은 비행기들이 수시로 이착륙하는데 마치 커다란 새가 오가는 것 같다. 공항 2층의 테라스에서 커피 한 잔 마시며 바라보는 마차푸차레 설봉이 아름답기 그지없다. 드디어 나를 태운 예티 항공의 소형 비행기가 포카라와 작별한다. 이내 설산의 산맥들이 눈 아래 펼쳐진다. 그 광경 자체가 환상이다. 고맙다, 히말라야. 굿바이 히말라야!

사는 거 별거 아니다 싶다.
사람 사는 것은 거의 비슷하다.
조금 더 편리하게 사느냐
불편하게 혹은 조금 가난하게 사느냐의 차이일 뿐.
본질은 달라지지 않는다.
그런데도 자꾸만 거죽에만 매달린다.
그래서 삶이 고달프고 슬퍼진다.

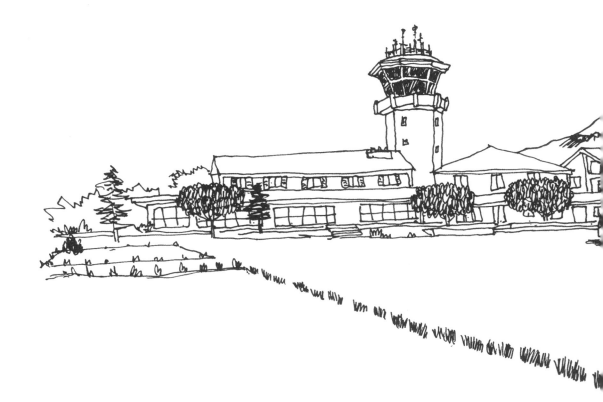

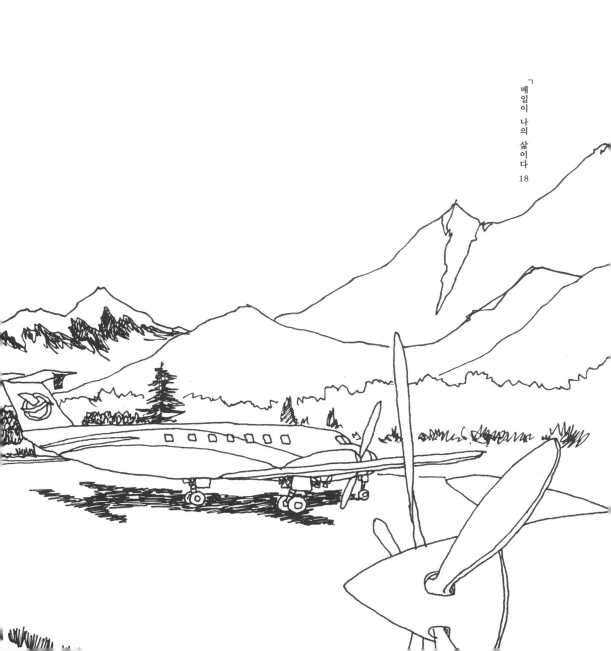

조용하고
의연한

삶의
못자리를
찾아서

여름 더위가 사위어 갈 즈음에 어렸을 때 친구들과 서해안에 있는 한 섬에 갔다. 이상하게도 갑자기 '섬'에 가고 싶었다. 내게 섬은 이중적 의미를 가진다. 절해고도絶海孤島라는 말 그대로 '격리된' 혹은 '유배된' 이미지와 완벽한 탈출과 만끽할 고독이다. 그러나 그것보다 더 깊숙한 곳에 내재된 의미나 이미지는 '상상력의 보물창고'라는 엉뚱한 설렘이다. 그래서 섬은 엄청나게 많은 이야기를 쏟아내고 수많은 영감을 줄 것이라는 기대로 다가온다.

내게 섬이 그런 의미나 인상으로 다가온 것은 아마 장 그르니에와 르 클레지오 때문이 아닌가 싶다. 놀랍게도 두 사람은 똑같이 '섬'

이라는 제목의 책을 가졌다. 알베르 카뮈의 스승인 장 그르니에의 《섬》은 달콤하기보다 씁쓸한 글맛으로, 문학적 아름다움과 철학적 사유가 넘치지도 모자라지도 않게 어우러졌으면서 어느 문장 하나 허투루 박힌 게 없다. 질긴 사유와 담백한 심성이 빚어낸 보석이다. 그르니에의 눈에 비친 것들은 어느 하나 사소한 게 없다. 그의 눈에 담기고 그의 머리가 사유하고 그의 손이 펼쳐낸 글은 가벼움으로 채색되지 않고 명징한 순수함으로 농밀하게 우러난다. 그러나 적당한 목소리로 살짝은 졸린 듯한 목소리로 느릿느릿 뱉어내는 독백이다. 그의 섬에는 말보다 고요가 더 큰 부피로 담겨 있다. 그것은 삶에 대한 진지한 성찰과 부단하게 연마하는 자신에 대한 끊임없는 투쟁이다.

그르니에의 섬이 고요한 바다 저 멀리 떨어져 있는 납작한 휴화산의 섬이라면 클레지오의 섬은 지금도 마그마를 내뿜는 활화산에 비유할 수 있다. 클레지오의 소설이 대부분 그렇듯 이 책도 화려함이나 박진감으로 가득한 소설은 아니다. 그러나 그는 어린아이가 땅파기 놀이를 하다 우연히 찾아낸 유리 조각 하나를 버리지 않고 계속해서 땅을 파면서 다른 조각들을 찾아내려는 것처럼 집요하다.

그런 점에서 장 그르니에의 섬과 르 클레지오의 섬은 확연히 다르다. 하나는 조용하면서도 깊은 통찰을 이끌어내는 섬이고, 다른 하나는 망망대해 한가운데 있는 화산 바위섬으로 병과 죽음의 감옥과도 같은 모험을 담은 섬이다. 그러나 그 끝은 맞닿아 있다. 실존 또는 정체성이라는 주체는 바라보는 시선이 다를 뿐 본질은 같다.

섬은 꿈을 상징한다. 꿈은 현실이 아니다. 그렇다고 온전한 허구도 아니다. 그런 점에서 섬은 바다 위에 접시처럼 떠 있으면서 꿈을 명상의 대상으로 삼고 명상을 꿈의 재현으로 만든다. 섬은 선박이 다니는 항로 밖에 위치한다. 그러나 섬은 어떠한 배든 잠시 들러 숨을 고르고 피항할 수 있는 곳이기도 하기에 항로 그 이상의 의미를 갖는다. 섬은 모든 현실을 접고 온전히 떠나는 고독한 공간이다. 우리가 섬을 꿈꾸는 건 섬이 완전한 탈출을 상징하기 때문일 것이다. 그러나 섬은 어설프게 잠시 들러 바람이나 쐬는 자에게는 제 속살을 드러내지 않는다. 섬은 절대 고독을 요구하기 때문에 정작 함부로 시도하지 못하는 목적지가 된다. 우리가 명상을, 꿈을 품지 않으려는 건 바로 그러한 두려움과 자기 실망에 대한 변명이다.

섬은 바다에 떠 있는 꽃이다. 가장 예기치 않은 순간에 보이는 꽃이다. 그 속에서 자신의 모습을 알아보는 게 차마 두려워서 가지 못하는 자신의 유배지다. 우리는 섬이라는 말 자체에서 '격리'를 느끼기 때문이다. 그르니에가 "우리는 섬에 가면 격리된다"고 말하는 건 그런 의미를 확정한다. 그러나 그 격리는 차단이 아니라 온전하게 자신만을 직시하고 자신과 대화하는 행복한 자기 유배다. 그것은 내가 지녔던,

나를 만들어왔던 모든 것을 일단 내려놓고 알몸의 나를 회복하는 것이고, 살면서 놓치지 말아야 할, 잃지 말아야 할 가장 중요한 내 삶의 주제를 만나는 것이다. 그러므로 섬은 '내 삶의 여행'이라는 근본적 문제를 떠오르게 한다.

남도의 한 열정적인 사내가 도의 지원을 받아 섬을 새롭게 만들어가고 있다. 관광지로 찾아오는 섬을 제외하고는 자꾸만 섬을 떠나는 이들이 늘면서 빈 집이 늘어난다. 그것이 안타까워 섬을 살려내려는 노력이다. 빈 집을 손질해서 많은 책을 채워놓고 일상에 지친 이들이 찾아와 며칠 머물며 조용히 책도 읽고 산책도 하면서 사색하고 성찰하는 치유 그리고 진정한 휴식의 섬으로 만들고 싶어 한다. 그의 멋진 꿈이 이뤄져 많은 이들이 그 섬에 가고 싶어 할 날이 머지않은 듯하다. 그렇게 누구나 자신의 섬을 마련할 때 우리는 조금은 더 농밀하게 살아갈 수 있다.

섬은 바다가 빚어낸 꽃이다. 섬은 막연한 동경이 아니다. 섬은 모든 것과 차단되어 있지만 모든 방향으로 개방되어 있다. 섬은 고독하지만 의연하다. 조용하고 의연한 삶의 못자리다. 나를 놓치거나 잃고 있다고 느낄 때 나는 나의 섬으로 찾아간다.

삶은

여전히 남아 있는
미지의 길,

그래서
걷는다

안나푸르나 라운드가 내게 각별히 행복했던 건 무엇보다 그것이 내게 그것이 초행인 길, 즉 미지의 세계였기 때문일 것이다. 누군가가 이미 오갔기에 생긴 길을 따라 걷고 있지만 나로서는 처음 만나는 세계의 연속이어서 늘 새롭고 흥분이 솟았다. 익숙함에서 오는 여유도 좋지만 처음의 설렘에 미치지는 못한다. 존 크라카우어는 전문 산악인으로 히말라야 곳곳을 누빈 사람이었으니 내가 느낀 그 감정의 너비와는 분명 다르겠지만 그의 책《희박한 공기 속으로》에서 윈트 언스워스가 에베레스트에 대해 느낀 감흥을 나는 충분히 공감할 것 같다.

"경험이 미숙한 초보 산악인에게 안겨주는 최대의 이점은 그가 전통이나 선례에 좌우되지 않는다는 점이다. 그에게는 모든 게 다 간단해 보이며 자신이 직면한 문제에 대해 간명한 해결책을 선택한다. 물론 그로 인해 종종 그가 추구하는 목표가 실패로 돌아가고 비극적인 결과가 일어나기도 한다. 하지만 그 사람이 목표를 시작할 때 그것을 알지 못한다."

살아온 날이 만만찮다. 살아갈 날들도 호락호락하지 않을 것이다. 살아온 날들은 짚어볼 수 있지만 살아갈 날은 짐작조차 하지 못한다. 나는 알 수 없는 삶의 마감 시간을 두려워하지는 않는다. 살아가야 할 시간에 대해 나는 언제나 초보자다. 초보자인 나는 이미 그 길을 걸었던 이에게 길을 묻고 싶은 생각이 없다. 그를 무시해서가 아니다. 그에게 물어본들 그는 자신이 걸었던 길에 관해서만 말해줄 뿐이다. 자신이 가지도 않은 길에 대해 말한다면 그것은 거짓이거나 허풍이니 어차피 아무런 도움이 되지 않는다. 그래서 누군가 나보다 어린 사람이 내게 삶의 길을 물어보면 자신 있게 말해주지 못한다. 다만 내가 걸었던 길에 대해 말해줄 뿐인데, 그럴 때마다 내가 성공한 삶보다는 내가 만족했던 것들에 대해 이야기해줄 뿐이다. 솔직히 그나마 만족한 것이 얼마 만큼인지조차 모르지만.

어차피 앞으로의 삶에 대해서는 누구나 초보자다. 초보자가 누리는 이점은 괜히 아는 척, 가본 척 하지 않고 호기심을 잃지 않으며 선례에 휘둘리지 않는다는 점이다. 물론 누군가에게 길을 물어서 얻는 지혜의 힘도 인정한다. 불필요한 에너지를 낭비하지 않고 안전하게 가고자 하는 곳까지 쉽게 갈 수 있을 것이다. 우리가 살면서 원하는 대부분의 충고는 그런 목적을 담는다. 그러나 나는 이제 그런 충고나 도움은 사양하고 싶다. 어떤 이는 나이 들면 저절로 보수적으로 변할 수밖에 없다고 하지만 나는 그런 견해를 단호히 거부한다. 중년의 삶을 살았다는 것은 의무로서의 삶을 어느 정도 마쳤으니 비로소 권리로서의 삶을 살 수 있는 자유로운 시기이며, 새로움에 대한 두려움 없는 도전과 전진을 누려야 한다. 그러니 우리는 나이 들어갈수록 오히려 진보적이어야 한다! 살아오면서 알게 된 것들, 겪어온 것들이 얼마나 많은가. 그것들이 나를 자유롭게 하기는커녕 외려 내 발목을 잡는다면 나는 기꺼이 그 발목을 잘라내고 싶다.

장 그르니에는 여행에 대해 이렇게 말한다.

"사람들은 여행은 왜 하냐고 묻는다. 언제나 충만한 힘을 갖고 싶으나 그렇지 못한 사람들에게 여행이란 아마도 일상생활에서 졸고 있는 감정을 일깨우는 데 필요한 활력소일 것이다. 이런 경우, 사람들은 한 달 동안에, 일 년 동안에 몇 가지 희귀한 감각을 체험해보기 위하여 여행을 한다. 우리 마음속의 저 내면적인 노래를 충동질하는 그런 감각 말이다. 그 감각 없이는 우리가 느끼는 그 어느 것도 가치를 지니지 못한다."

여행은 늘 낯선 곳에서 낯선 나를 만나게 해준다. 그래서 히말라야 미지의 길은 나에게 초보의 권리를 마음껏 누리게 해주었고 앞으로의 삶에서 초보의 권리를 누릴 수 있다는 믿음을 주었다. 그 점에서 내 삶에서 매우 소중한 경험이다. 땡큐, 히말라야!

●
다시
일상으로

　　보름 동안의 안나푸르나 라운드는 내 삶에서 가장 긴 피정이었다. 물론 돌아가면 원래의 상태로 금세 돌아갈 것을 안다. 이미 기내에서 누리는 문명과 문화의 혜택에 금세 젖었을 뿐 아니라 왜 고작 이것밖에 제공하지 못하는 것일까 하고 불평하고 있는 자신을 발견한다. 그래도 이번 여정이 주는 의미는 오래 간직할 것 같다. 나이 예순을 앞두고 열정과 설렘, 그리고 그리움의 대상을 다시 가득 품고 올 수 있었다는 사실 자체만으로도 행복하기 때문이다. 물론 삶은 생각대로 되는 것이 아님을 진작 깨닫고도 남을 나이가 지났으니 구시렁거릴 것도 없다만.

　　송나라 시대 곽희는 산수를 그리고 그 그림을 방 안에 걸어두는 까닭을, 인간은 자연을 늘 느끼고 거기에서 배워야 하는데, 삶의 조건과 상황이 그것을 쉽게 허락하지 않으니 그림으로 그려서라도 들여놓고 느껴야 한다고 말했다. 그러니 이번 라운드의 여정을 기록하고 그려서 기억해둘 필요가 있다. 자등명법등명自燈明法燈明이라 했다. "너희는 저마다 자기 자신을 등불로 삼고 자기를 의지하라. 또한 진리를 등불로 삼고 진리를 의지하라. 이밖에 다른 것에 의지해서는 안 된다"는 석가모니의 이 말은 제자들에게 남긴 마지막 가르침이기도 하다. 석가가 죽림촌에 안거하며 병에 걸려 심한 고통을 겪고 있을 때 제자 아난다가 마지막 설법을 청하자 그렇게 가르쳤던 데서 연유했다.

석가모니는 마지막까지 자신을 내세우지 않았다. 결국 스스로 경계하고 깨우치며 살아야 한다는 가르침은 읽을수록 심오하다. 자신의 불을 밝히지 못하면서 세상 불을 밝힐 수는 없다. 안나푸르나 라운드는 자등명의 열쇠였다. 아직 그 비밀번호를 채 온전히 해독하지도 못했고 그나마 조금 해독했던 것도 기억하지는 못하지만.

일상으로 돌아가면 연이어 해결해야 하는 일정을 소화해야 할 것이다. 그러나 많이 비우고 내려놓고 왔으니 새롭게 채울 것이 있을 것이다. 결핍의 반대는 풍요가 아니라 불만족임을 확인하고 돌아오는 여정이었다. 얼마나 많은 과잉 속에 살았는지 새삼 확인한 고마운 여정이었다. 베시사하르를 출발하자마자 엉킨 스마트폰은 로밍도 되지 않았을 뿐 아니라 심지어 시간조차 엉터리로 꼬여 꺼둘 수밖에 없었다. 그런데 그것이 얼마나 나를 자유롭고 편하게 했던가!

카트만두의 호텔로 돌아와 메일을 확인하니 무려 390여 개나 들어와 있어 깜짝 놀랐지만, 그 가운데 시급하고 반드시 해결해야 했을 것은 고작 대여섯 개에 불과했다. 나머지라고 무의미한 것은 아니지만 꼭 급히 해결해야 하는 일은 아니었다. 사실 그게 내 일상의 삶이고 일이다. 별 대수로울 것도 없다. 그런데 뭐 그리 대단한 일을 한다고 촌각을 다투고 그저 앞으로 내

달리기만 하며 살아왔던가. 내 조급함과 저돌성의 실체를 거울 보듯 확인한 여정이었다.

● 살아갈 날들이 있기에

걷기만큼 평등한 일이 있을까? 교통지옥인 카트만두에서도 누군가는 자동차를, 오토바이를, 자전거를, 혹은 버스를 탄다. 그러나 안나푸르나에서는 모두 걸어야만 했다. 그것은 필연적으로 요구되는, 그리고 원초적으로 수행해야 하는 평등이다. 선택의 여지가 없는 결핍의 상태에서는 더 이상 요구하거나 쓸데없는 희망과 바람을 품지 않는다. 그것은 에너지 낭비일 뿐임을 알기 때문이다. 그것은 체념과는 다르다. 체념은 내 의지와 상관없이 이루어지는 일을 그대로 받아들여야 하는 수동적인 행위이지만 수용은 내가 주체적으로, 능동적으로 선택하는 행위이다. 그것은 결핍이 아니라 만족이며, 과잉에 대한 반성이기도 하다.

작업실에 걸어둘 안나푸르나 레인지 사진은 단순히 장식이나 과시가 아니다. 그것은 내가 안나푸르나에서 겪고 느꼈던 반성과 다짐을 잃지 않기 위한, 잊지 않기 위한 자기 확인의 수단이다. 결코 다 채우려 하지 말아야 한다. 써야 한다는 의무감을 가지고 쓰는 글은 이미 실패한 것이다. 저절로 우러나야 하고 기다리는 수양이 필요하다. 그것이 반드시 많은 시간을 요구하는 것은 아닐 것이다. 발상을 영감으로 정화하고 지혜로 걸러내 글 받으로 옮겨 심어야 한다. '자등명법등명'이라는 부처의 마지막 가르침은 결코 쉽지 않다. 그러나 마지막 가르침이라는 극적 효과를 좀 더 조명해본다면 그만큼 중요하다는 의미로 해석해도 무방할 것이다. 그러니 자등명의 기회를 이번 여행에서 얻은 것은 무엇과도 바꿀 수 없는 행운이다.

　　　인간은 미지의 세상과 끊임없이 조우하며 살아왔다. 처음에 그 길은 탐험이었다. 탐험은 두려움과 경계의 길이다. 그게 익숙해지면 그 길은 여행의 길로 진화한다. 그리고 거기에 편안함이 더해지면 관광으로 퇴화한다. 히말라야가 매력적인 이유는 적어도 그 트레킹은 더 이상 모험은 아니지만 끝까지 관광으로 내몰리지 않고 의연하게 여행의 모습으로 존재할 것이기 때문이다. 처음 가는 이에게 그 길은 탐험은 아니지만 미지의 여행이다. 삶은 여전히 남아 있는 미지의 길이다. 안나푸르나에서 걸었던 일이 늘 그 미지의 길에 겹칠 것이다. 의연하게 살아갈 힘을 얻어간다. 그 힘이 나를 버텨줄 것이라 믿는다. 삶이라는 긴 여정 내내. 살아갈 날들이 있기에.

생각을 걷다

인문학자 김경집이 건네는 18가지 삶의 문답

ⓒ김경집 2017

초판 1쇄 발행 2017년 9월 22일
초판 3쇄 발행 2020년 7월 24일

지은이 김경집
펴낸이 이상훈
편집인 김수영
본부장 정진항
편집2팀 허유진 김진주 김경훈
마케팅 천용호 조재성 박신영 조은별 노유리
경영지원 정혜진 이송이

펴낸곳 한겨레출판(주) www.hanibook.co.kr
등록 2006년 1월 4일 제313-2006-00003호
주소 서울시 마포구 창전로 70 (신수동) 화수목빌딩 5층
전화 02)6383-1602~3 **팩스** 02)6383-1610
대표메일 happylife@hanibook.co.kr

ISBN 979-11-6040-096-0 03100